後継者不在、M&Aもうまくいかないときに

必ず出口が見つかる「縮小型事業承継と幸せな廃業」

株式会社 青山財産ネットワークス［編］

日刊工業新聞社

はじめに

「デジタルトランスフォーメーション（ＤＸ）」が叫ばれ、仕事でも個人の楽しみでも、身のまわりでデジタル化が急速に進んできました。さらには「ニューノーマル」という言葉が示すように、リモート環境で仕事や会議をしたり、買い物はインターネットによる通信販売を多用したりするなど、私たちの働き方や生活様式は大きく様変わりしています。そして、そのような変化に伴い、企業や産業も時代のニーズに即した、いわゆる勝ち組と、時代から取り残されてしまう企業・産業とに明暗が分かれています。

本来、時代の流れに即した変化には、それなりの時間を要します。経営者がその変化に応じて、あるいは先取りして転換を図っていけば、企業は時代に合わせて姿を変え、継続し、発展することができました。ところが昨今の社会の変化は急速です。さらに２０２０年はじめに生じた新型コロナウイルスの感染症拡大によって、時間軸は一気に縮まりました。生活様式が一変し、時代は一足飛びにＤＸへと突き進んでいます。

社会の急速なデジタルシフトやコロナ禍にとどまらず、少子高齢化の加速による日本市場の縮小、海外生産のコスト上昇、昨今の世界的な脱炭素の流れによる産業構造の変化などに直面し、「このままでは、事業が存続できなくなる」と危機感を抱いている経営者も多いのではないでしょうか。M&A（企業の合併・買収）によって経済力のある企業に渡そうか、あるいは若い経営者の下での建て直しなど、どのように事業承継をしようかと考えるかもしれません。傷が浅いうちの廃業を視野に入れて悩んでいるかもしれません。

そんなとき、最初に相談するのは身近な友人であることが多いようです。そんな人たちが、事業承継や廃業について経営者から相談をされたときには、「まだやれる」「頑張って」と励ますのが常です。しかし、それは少し無責任ではないかと思います。経営者は何とか打開策はないものかと考え得る手を打ち、すでに十分に頑張ったのです。そのうえで経営権を譲ろうかと悩んでいるのです。

また、その他の経営環境の変化や、経営者が引退の年齢に近づき、この先をどうするか、悩むことも多くなっています。

家族に会社を引き継いでもらう「親族承継」や、従業員に譲る「従業員承継」、会社や事業を第三者に売却するM&Aのいずれの方法でも、うまく会社を承継することは、経営者が情熱を注いで育ててきた会社を存続させるのに現実的な解決策です。とはいえ、業績が悪く、先行きが分からない企業では、買ってくれる相手や、後継者が見つからない場合もあります。

私ども青山財産ネットワークスには、多くのM&A仲介会社から「買い手が付かなかった企業についての相談」が舞い込みます。相談があれば、まずはその企業の数字を拝見し、経営者と話をしてみます。すると、企業全体としては苦しくても、部分的に将来性のあるものを持っている企業があります。そのようなケースでは、重しになっている部分を縮小することによって、M&Aでの買い手が見つかったり、お子様や親族の方が「それなら自分でもやっていけるから、継いでもいい」と言ってくれたり、場合によっては従業員の中から後継者が見つかるなど、次のステップが見えてくることが多くあるのです。

どこに将来性があるのかを見極め、どこを縮小するのか。それには客観的な判断が必要です。往々にして経営者には思い入れがあり、客観的な判断が困難です。創業者であればなおさらです。例えば、創業時に中心になった部門や、力を入れている製品の開発部門に対し、「どんなことがあっても、ここだけは手放せない」「ここがあるから、今の自分たちがある」と考えてしまいます。そういう思い入れが強いと、なかなか手放すことができないものです。

そのようなとき、冷静に数字を示しながら、「ここを畳んだらいいですよ。そうすれば、うまくいきますよ」とアドバイスしてくれるのは、気軽に「頑張って」と言う友人ではありません。専門的知識を持ち、経験も豊富なコンサルタントです。経営に行き詰まり悩んでいるのなら、友人に相談するのではなく、コンサルタントを頼るべきではないでしょうか。

事業を削り、縮小していくなかで、廃業という選択肢が出てくることもあります。廃業について、どのようなイメージをお持ちでしょうか。廃業を失敗だと捉える方がいらっしゃいますが、そうではありません。なぜなら、借金が多ければ廃業もできないからです。廃業できるということを、プラスに捉えることもできるのです。

従業員に退職金を渡して次の仕事に就くための支援をし、取引先にも迷惑をかけず、経営者自身のこれからの生活も守る。それが計画的に行う廃業です。手遅れになると廃業はできず、倒産となってしまいます。実際、企業の資産を早めに流動化し、清算して廃業することで、幸せな余生を送っている元経営者はたくさんいらっしゃいます。廃業はゴールとしてのひとつの形なのです。そこで本書では、事業を縮小して承継する「縮小型事業承継」と同時に、あえてこれまで語る人が少なかった「幸せな廃業」についても触れていきます。

私どもは決して「中小企業不要論」を支持しているわけではありません。むしろ、逆の考え方です。どんなに小規模な企業でも、従業員がおり、取引先があり、地域経済に貢献していることに、私どもは敬意を表します。培われた人や技術を存続させていくのがM&Aを含めた事業承継であり、「幸せな廃業」であると考え、支援してきました。「できればこのまま残したい」「大きなリストラなどしたくない」「従業員の生活を守りたい」といった経営者の声に真摯に耳を傾けながら、現実と理想の間で最善だと思われる道を提示してきたと自負しています。事業承継に悩んだら、あるいは事業承継について相談を受けたら、ぜひ、本書に目を通してください。後悔のない道を選んでいただきたいと思い、本書を執筆いたしました。

2021年10月

株式会社 青山財産ネットワークス

目次

第2章

縮小型事業承継メソッド

第3章

「幸せな廃業」で未来を拓く・91

第4章 ケーススタディに見る経営者の苦悩と実践・125

第1章

決断の先延ばしは倒産への道

先が見えないときの「M&A」「廃業」

昨今、日本の中小企業の3社に1社が「過剰債務」にあることが民間の調査で分かっています。飲食業や宿泊業といったサービス業を中心に過剰債務である割合が高く、さらにそうした企業の多くで過剰債務が事業再構築の足かせになっているそうです。すでに5年超が経過した日本銀行のマイナス金利政策によって、金融機関は積極的に企業へ融資してきました。特にコロナ禍以降は、政府・日銀がコロナ対応の資金繰り支援措置を発動し、なお融資が受けやすくなりました。支援措置はコロナ禍で売上が蒸発した企業の破綻《はたん》を回避するのに有効ではありましたが、返済のあてのない企業にも貸し付ける結果となっていますます。言うまでもありませんが、返済能力以上に借り入れてしまうのは企業にとって健全ではありません。融資を受けられるうちに、この先どうしていくのか、十分に考える必要があるのです。

一打逆転できるような明るい見通しがあれば、そのまま経営を続けてもいいと思います。企業活動の方向を転換できる目処《めど》が立っていれば、チャレンジするのもいいでしょう。しかし、何もないままに今日と同じ明日を続けていたのでは、いつか破綻してしまいます。

経営に行き詰まってしまったのであれば、そのまま続けるのではなく、打開策として、企業を売却するＭ＆Ａ（企業の合併・買収）や、ここまでの負債を清算する廃業という道を選んでもいいのではないでしょうか。経営から手を引くことで、肩の荷を下ろすことができます。何より、清算金を手にすることで、新たに事業を始めるなり、第二の人生を送るなり、経営者自身が次のステップに進むことができるのです。

とはいえ、仮に日々赤字が膨らんでいる状況下では、早めに決断をしなければ、買い手が付かなかったり、債務超過のために廃業することができなくなったりと、機会を逃してしまいます。早く決断すればするほど、選択肢は多くなり、より多い金額を手元に残しやすくなります。

事業承継の壁「後継者」

「後継者が見つからず、廃業を余儀なくされる中小企業が増えている」、あるいは「中小企業が資金繰りに苦しんでいる」という言葉が新聞や雑誌を賑わせています。事実、休業や廃業を選択する中小企業数は過去最多の水準にあります。東京商工リサーチによると、２０２０年（１～12月）に休廃業・解散した企業は４万９６９８件で、前年比14・６％増でした。倒産件数との合算では、５万７４７１件にも達します（**図１-１**）。

まず、ここでは後継者問題から考えてみましょう。現在、後継者問題を抱える企業の多くは、その経営者が団塊の世代です。１９７３年10月に勃発した第四次中東戦争をきっかけに、日本は第一次オイルショックに陥りました。その後、財政政策による景気回復で安定成長期を迎えた日本で、多くの企業が産声《うぶごえ》をあげたのです。その頃に創業した経営者の多くは、今、引退を考える70歳代になっています。また、人口のボリュームゾーンである団塊の世代も70歳代になりました。

今の日本では事業承継が進まないという問題があります。企業の生存年数とともに経営者の年齢も引き上がっているのです。帝国データバンクによれば、１９９０年に54歳だった経営者の平均年齢は、２０２０年にはじめて60歳を超え、60・１歳になりました（**図１-２**）。中小企業庁は経営者の引退時期を68～69歳と推察しています。経営者の平均年齢と引退時期を考えると、多くの企業で経営者が引退の時期を迎えているのです。

ここにきて後継者が見つからないという問題が発生している理由は何でしょうか。ひと

図1-1　休廃業・解散と倒産件数の推移

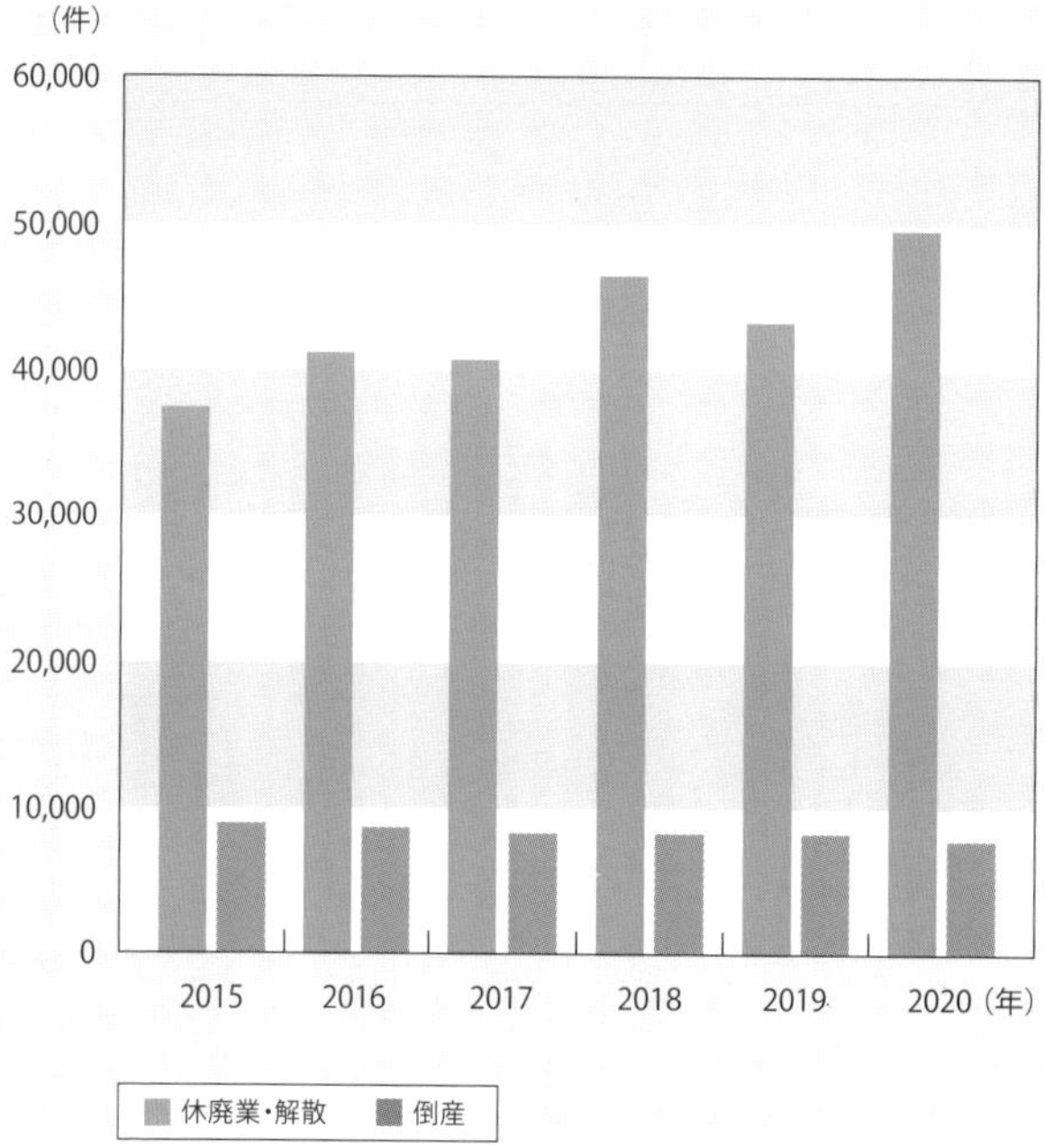

出所：東京商工リサーチ

図1-2　経営者の平均年齢の推移

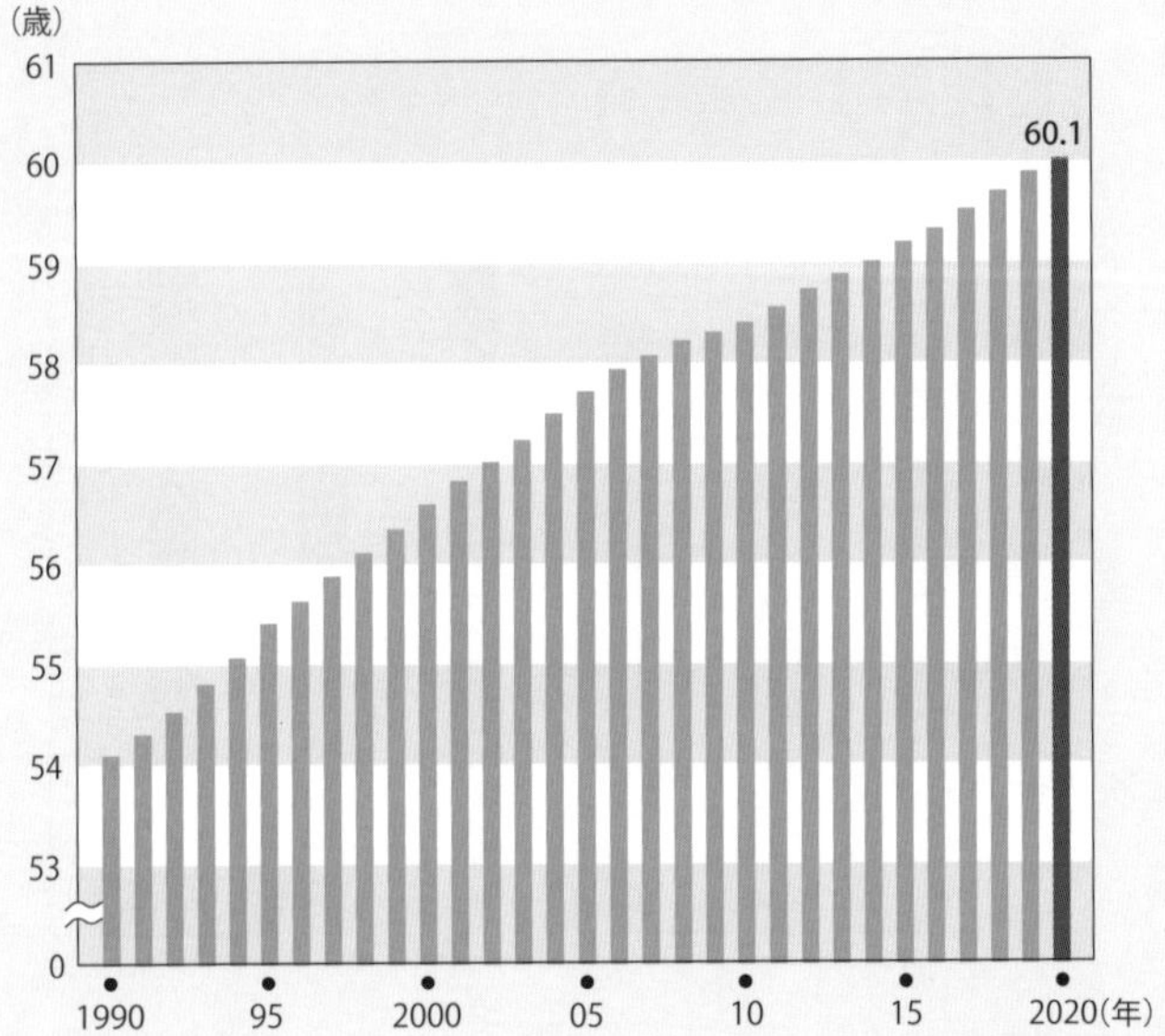

出所：帝国データバンク

つには、子どもの数の減少です。厚生労働省「人口動態統計」を見ると、第一次ベビーブームの1949年に269万6638人が生まれたのをピークに、合計特殊出生率は右肩下がりとなり、1971年から1974年の第二次ベビーブームで少し持ち直すものの、2017年には94万1000人まで減少しています。2020年の出生数は、統計史上最少の84万832人と発表されました。

かつては「家業は子どもが継ぐ」という風潮がありましたが、今では子どもの進路希望を重視して「子どもといえども、親の意思とは別に、自由に職業を選ぶ権利がある」という風潮が、後継者となる子どもの減少にさらに追い打ちをかけています。今の日本は、高度成長期や安定成長期のような明るい社会状況ではありません。経営の見通しが芳しくない場合は特に、先行きを考えて「継ぎたくない」と考える後継者も多くなっています。経営者である親も同じように、みすみす茨《いばら》の道を歩ませたくないが故に、かわいい子どもに「継がせたくない」という意思が働くようです。

中小企業庁の動向調査（2019年度）には、「社長年齢別に見た後継者の有無について確認すると、60歳代では約半数、70歳代では約4割、80歳代では約3割で後継者が不在」という結果が記載されています。後継者の教育期間は5年以上、場合によっては引き継ぐまでに10年以上はかかるといわれています。60歳代で社長を交代すると考えたとき、円滑に事業承継を進めようと思えば、後継者を決めるのは経営者が50歳代の時です。にもかかわらず、現経営者が60歳代で約半数が後継者を決めていないことは大きな問題です。80歳代で約3割もの経営者に後継者が決まっていないということは、親族承継あるいは従業員承継を諦《あきら》めているとしか考えられません。

経営者のお子様に女性しかいない中小企業では、後継者について考えることが後まわしになってしまい、いざというときに慌《あわ》てることが実際よくあります。後継者を明確にしないまま、娘さんは大手企業に就職、さらには嫁いで家を出てしまったということも多いでしょう。娘さんが嫁いでしまってから経営者が引退を考えたとしても、親族内にも従業員にも適当な後継者はなかなか見つかりません。

経営者には娘さんがおひとりいらっしゃいましたが、すでに結婚して家を出ていたというケースをご紹介しましょう。後継者について悩まれた経営者は、上場企業に就職していて優秀な営業マンである娘婿に白羽の矢を立てました。突然のことで娘婿は躊躇《ちゅうちょ》しましたが、義父と妻からのたっての願いを断り切れず、勤め先を退職して事業を承継したのです。しかし、大企業と中小企業では、文化もやり方もガバナンスも異なります。そのため、新社長である娘婿は従業員の心をつかむことができませんでした。営業はできても、社内でリーダーシップを発揮することができません。結局、うまく会社を切り盛りすることができず、その会社を去って行きました。義父や妻との関係も悪くなり、最終的には離婚してしまいます。

これは、この企業に限ったことではなく、また、誰が悪いということでもありません。やはり、早めに後継者を決め、現場を踏ませてマネジメントを学ばせるという、それなりの教育期間を経なければ、スムーズに経営移行することなどできないのです。

意思疎通がとれていないため、「別会社に就職したけれども、自分が一定の年齢になったら、子どもが戻ってきて、会社を継いでくれると思っていた」と後悔する経営者も少なくありません。後を継いでもらうつもりでいたのに、いざ話してみると、息子から断られたというケースです。後継者問題への腹づもりができているなら、すれ違いや思い込みを防ぐためにも、後を継ぐかどうか話し合っておく必要があります。さらには、会社の現状はどのようになっているのか、何をどのように承継していくか、その後はどのように経営していくかを、きちんと言葉に出して話し合うことが大切です。

承継問題でのトラブルを防ぐためには、自分で引退年齢を決め、そこから逆算して5〜

10年前には後継者を決めて教育する必要があるでしょう。代替わりをするときには、経営者とともに歩んできた役員も、若い世代に引き継がせる必要があります。なぜなら、せっかく経営者となっても、古い役員に気兼ねをして、思うような経営ができないケースも多いからです。

そう考えると、後継者教育と同時に、後継者のブレーンとなる従業員も見つけて育てなければなりません。経営者自身が限界を感じて、慌てて後継者を決めたのでは、うまくいかないのです。

加速する時代の変化

経営者が高齢になると企業経営が難しくなる理由として、体力の衰えによって、思い切った経営判断がしづらくなることがあげられます。さらには、時代の流れに知識や発想、考え方がついていけないということもあるでしょう。

特に今、コロナ禍によって、デジタルトランスフォーメーション（DX）の進展をはじめ、購買トレンドの変化、商流の変化など、時流が変わる時間軸は一気に縮みました。従来なら10年単位で徐々に変わっていくことが、この1年余りで一足飛びに変わってしまったのです。例えば、短期間で思い切って店舗事業から撤退して、eコマース（ネット通販）に特化した企業があります。回転寿司チェーンが、持ち帰り用商品としてシャリとネタを別々にして大ヒットしたという事例もあります。事務機会社が消毒用アルコールのディスペンサーを販売しました。フードデリバリーはもちろん、ドライブスルーショップやクラウドキッチン、オンライン接客も登場しました。一方で、このようなスピード感のある変化についていけない経営者も多いのではないでしょうか。

経営判断のみならず、業界的にニーズが薄れてきた産業もあります。例えば卸売業などです。昔は多くの問屋がありましたが、今では流通がどんどん簡略化されて、メーカーがeコマースで直販を行うなどして、卸売業者が不要となってきました。出版業も紙離れで苦境に立たされています。書籍や雑誌という紙の媒体に頼らなくてもインターネットから情報を得ることができますし、SNS（ソーシャルネットワーキングサービス）で自ら発信もできます。そうなると、企業も紙媒体に広告を出さなくなります。今まさに世の中では、構造的な変化が起きているのです。

アパレル産業も危機といえます。安く製品を作って収益性を上げるというコスト構造で他のアジア諸国に負け、人口減少で日本国内の購買者が減ってきました。日本が経済成長をしていた1970年から1990年にかけてであれば、価格競争を睨《にら》みながら、顧客の趣味に合った服を他社よりも安く供給してさえいれば、アパレル企業は成長していました。しかし当時の成功体験を持った70歳前後の経営者が、方向転換をしないまま同じ感覚で経営を続けていると、若い世代の嗜好《しこう》に合わせることができず、2000年代になって徐々に衰退してきているように思います。成功体験を作った当時と今とでは、サプライチェーンも企画デザインも大きく違ってきているのです。

かつては、若い頃には安価な服を着て我慢《がまん》していても、給料が上がってくると服をはじめとしてハンドバッグや宝石など高価な品を身に着ける。つまり、収入に合わせて高級志向へ向かっていくという文化がありました。ところが今は、あまり人の目を気にせず、自分が気に入った物を身に着ける、価格など気にしないという新しい世代が台頭してきたのです。ここに気付けなかった企業は衰退していきます。販売チャネルも、若い世代はインターネットを通じて購入しますから、デジタル関連のノウハウに乏しいと、厳しい状況に追いやられます。

ガソリンスタンドも急激に減っています。東京商工リサーチの調査によれば、2020

年1月から10月の倒産数は21件で、前年同期比では23・5％増となっています。休廃業・解散に至っては111件（同年1月から8月）、前年同期比29・0％増です。1994年度末のピーク時と比べると、その数は半減しています。その理由は、規制緩和による価格競争の激化や、地下埋蔵タンクの腐食防止策義務化といった一部の規制強化もありますが、乗用車保有率の減少、高齢化による運転者数の減少、エコカーの普及などが考えられます。車の燃費が良くなると、当然、使用するガソリンの量は減少します。

また、電気自動車（ＥＶ）が普及すればガソリンスタンド経営はさらに厳しくなります。そればかりか世界的に自動車部品のサプライチェーンが激変するでしょう。エンジンがなくなることによる影響はもちろんですが、自動車の車体構造が大きく変わることによる産業界のインパクトは雇用面を含めて深刻です。部品点数はガソリン車が3万点、ＥＶが2万点といわれます。こうしたなくなる部品に携わる企業は仕事が激減し、逆に自動車の電子化が一段と進むために、半導体や電子部品、通信、ソフトウエアなどの企業が、自動車のサプライチェーンの中で、これまで以上に重要な役割を担うはずです。

二酸化炭素排出量の削減や再生エネルギー利用という流れのなかで、一世を風靡《ふうび》した石油産業自体も今では構造不況の産業のひとつです。石油化学系の会社は事業規模が大きく、下請け企業も多くあります。今のうちに何らかの方向転換を図らなければ、関連企業まで共倒れになってしまうでしょう。

このように、今まで成り立っていたビジネスが成り立たない時代になってしまいました。その変化のスピードも速くなっています。経営者は時代の流れの先を読んで備え、方向転換を図らなければ、変化する市場から取り残されてしまいます。その方向転換こそが重大な経営判断であり、情報力や知力はもちろん、気力も体力も必要となる仕事なのです。これらが劣ってくると、経営の直感力が衰え、攻めの経営ができなくなるといわれています。

かつて、「企業の寿命30年説」が言われましたが、成熟期を過ぎた企業は、経営革新ができなければ急速に衰退していくでしょう。その時間軸が今、急激に縮まり、もはや成功すれば30年は大丈夫という時代ではありません。こうした企業や経営者に残された時間は少なくなってきています。

人材投資を後回しにしたツケ

時流の変化が早く、ついていけない企業が続出していると書きましたが、その大きな要因のひとつは人材ではないでしょうか。余裕のあるうちに人材に投資し、時流に柔軟に対応できる従業員を育成することが肝要です。

例えば今、全体的な不況に陥っているアパレル業界の中でも、利益を上げている企業はあります。利益を上げている企業は、そうではない企業と比べて何が違うのかといえば、あるアパレル企業の経営者はしっかりと時流をつかんでいることもさることながら、従業員がもっと細かな消費者動向に敏感に対応し、彼らが求める新しい商品を生み出しているからです。ユーザーとの接点を増やすオムニチャネル化を進めることも必要になります。さらには、どこが削減できるか、効率化できるかを常に考えている従業員がおり、彼らがeコマース強化など、新しい物流方法を生み出しています。

つまり、企業が生き延びていけるかどうかは、そういうことを考えられる従業員を抱えられるかどうかにかかっているのです。これはアパレルに限らず、どんな産業にもいえることです。

優秀な人材を継続的に数多く育成できなければ、企業は存続の危機を迎えることでしょう。確かに人材育成には時間もコストもかかります。経営建て直しに予算をとられてからでは、もう人材育成に回せるコストはなくなってしまいます。しかし、それをしなければ、企業を支える人がいなくなるのです。

利益を出したときに、金融商品を購入したり、不動産投資に注力したりするのではなく、人材に投資した企業こそが生き残っていきます。ここで経営者の度量が試されるのかもしれません。デジタル化が必要なら専門家を雇えばいいという経営者がいます。しかし、ひとり雇っても、果たして会社全体のデジタル化が推進できるのかと問われれば怪しいものです。やはり、従業員全体に素地が必要でしょう。

もしも今、まだ余力があり、出口を探す時期ではないと判断したなら、新しい流れについていける人材を揃えるべきです。それができていないなら、早めに出口を探した方が賢明でしょう。

個人消費の縮小

総務省の調査「統計からみた我が国の高齢者（2020年）」によれば、65歳以上の高齢者は1950年には411万人、2000年には2204万人と増え続け、2020年には3617万人となり、総人口に占める割合は28・7％となっています。推計では2040年が3921万人で、35・3％にまで増加するとしています。総人口に占める高齢者の割合を比較すると、日本は世界で最も高くなりました。生産年齢人口の割合が低く、経済成長を妨げている状態を「人口オーナス」と呼びますが、日本はまさに人口オーナス期にあるのです。

日本とは逆に、高齢者の人口比率が低く、生産年齢人口（15歳以上65歳未満）がそれ以外の人口の2倍以上いる、いわゆる「人口ボーナス」期にある国、インドネシア、マレーシア、フィリピンなどは、人々がよく食べ、よく働き、よく消費するため、内需が増えています。

残念なことに、日本は1992年に人口ボーナス期を終了しています。ですから、これから先、内需に期待することはできません。国内そのもののパイが減り続けている状況です。そのパイを奪い合っているのですから、中小企業の業績は先行きが暗く、資金繰りに困っている企業が増えていることも理解できるでしょう。その結果、日本は今、多くの廃業予備軍を抱えた「大廃業時代」に突入しているのです。

日本の高齢者問題に話を戻しましょう。高齢者はあまり消費活動に積極的ではありません。食べる量も若い頃と比べて少なくなり、流行を追いかけて何かを次々と買うこともなくなり、個人消費は抑制されてしまいます。高齢者が消費活動に積極的になれないもうひとつの理由として、50歳代をピークに賃金が減少するという現実もあるのでしょう。収入が減れば、人はなるべく使わないようにして生活を守ります。

これは現役世代にもいえます。物価の変動を考慮した実質賃金を見ると、2016年と2018年に名目賃金が増加したことで一時的に増加したものの、それを除いては2011年から減少傾向にあります。そのようななかで、果たして人は活発に消費行動をとるでしょうか。先に記した「人の目を気にせず、自分が気に入った物を身に着ける、価格など気にしない新しい世代」とは、実質賃金減少による防衛反応だったのかもしれません。「給料が上がってくれれば、服をはじめとしてハンドバッグや宝石など高価な品を身に着ける」ということが、実質賃金が上がらないことで、できなくなってしまったのです。

いずれにしても、国内に需要がなくなれば、企業としてはマーケットを求めて海外に進出する必要が出てきます。すでに大企業は富裕層が多い、あるいはマーケットが拡大している海外に目を向け、進出していますし、海外展開に対しては政府もさまざまな支援を行っています。

とはいえ、中小企業がいきなり海外に打って出られるかといえば、海外参入するための人材や資金がないなどの理由から、簡単にはいかないでしょう。たとえ海外進出を決意したとしても、現地調査を行ったり、現地で適切なパートナーを探したり、現地のニーズを把握したりと、実現するまでには長い年月が必要です。カントリーリスク対策も行わなければなりませんし、日本の成功体験が海外でそのまま通用するということでもありません。そう考えると、国内での企業経営が芳しくなくなってから、慌てて海外進出を考えるのは現実感に乏しいといえます。

「銀行融資で安心」は禁物

現在の金融機関は、顧客に寄り添ったコンサルティングを重視しています。財務諸表を分析し、財務的なアプローチから経営改善の助言をするのが本来の銀行営業マンの仕事ですが、そうした原点を大切にしようとする経営方針を多くの銀行が打ち出しています。変化が大きく早い時代だからこそ、こうしたコンサルティングが重要だと考えているようです。ただし、一部の金融機関では、低金利による厳しい経営環境の中、貸出残高の維持を最優先するなど顧客を正しい方向に導く視点が不足している様が見受けられます。「顧客の事業が衰退していて、将来的にも赤字が回避できそうもない」「赤字転落して2〜3年経っているのに回復の兆しがない」「赤字を建て直すことができない」と分かっていながらも、その企業や経営者が担保価値の高い不動産などを保有していれば、銀行はそれを担保に融資することがあります。

ここにきて経営者保証の在り方が問われています。民間の調査によると、破産した会社の7割で経営者も個人破産しています。こうした現状を踏まえ、政府は経営者保証のガイドラインの見直しを金融機関に求める方針です。「融資を受けて延命できたから良かった」とか、「融資を受けることができたから、取りあえず決断するのはまだ先でいい」と考え、気付いたときには倒産、個人破産という不幸な結果を招くことがないようにしたい。そうした思いのもとに、私どもは活動しています。

後述しますが、最も避けるべきは会社の倒産です。倒産は資産を換金してもなお債務が残る状態をいいます。会社の終焉のひとつに廃業があります。廃業とは資産が残る段階で自ら清算手続きをして「戦略的撤退」をすることであり、倒産と廃業では雲泥《うんでい》の差があります。余裕を持って廃業すれば、従業員に十分な退職金を配り、転職先を探してあげることができますし、経営者自身も次にチャレンジできる状態で資金を確保することができるのです。戦略的撤退とは、これ以上状況を悪くしないために、最終的には勝利を手にするため、いったん撤退することを意味します。たとえ、廃業後に改めて事業を始めなかったとしても、第二の人生を謳歌《おうか》できれば、それは経営者の人生においての勝利となるため、戦略的撤退といえるでしょう。倒産では全てをなくしますが、廃業では残ったものを手にすることができるのです。

早期決断が命運を分ける

新聞各紙の報道によると、2021年5月に、広島県の大手タクシー会社「広島タクシー」が、10月20日をもって営業を終了し、廃業することを発表しました。1947年に創業し、保有している車両は192台、運転手147名を含めて従業員は166名の規模でした。2020年3月期の売上高は7億9600万円でしたが、タクシー需要の減少や運転手の高齢化などで赤字が続き、譲渡先を探していました。しかし、コロナ禍ということもあり、見つからなかったそうです。廃業を発表する際、同社は「土地の切り売りなどしてここまでしのいできましたが、もう限界です。資金繰りが厳しくなる前に従業員の再就職支援や金融機関への融資返済を着実に進めたい」とコメントしています。決断の陰には、高齢となった社長の体調不安も重なったようです。

このように、早期決断すれば倒産を免れるばかりか、従業員や取引先といったステークホルダーへのマイナス影響を最小限に抑えることができます。まとまったお金を手にすることができる経営者や、割増退職金を受け取り、スキルを生かして再就職することができた従業員の、その後の生活は安定したものとなるでしょう。

成功例ばかりではありません。世の中には、「もっと早く決断すれば、何とかなったのに」という企業がたくさんあります。私どもの会社にコンサルティングを依頼してきた、100年以上の歴史がある資材製造会社の場合、息子さんが経営を継いだのですが、恵まれた環境で育った彼には少しリーダーシップが欠けていました。薄利多売の資材製造のため、それなりのロットを受注し、また、多品種少量で個別にきめ細かな対応ができないと生き残れない業種です。息子さんは、本来、取引先などとの条件交渉において経営者としてガツンと言うべきことを、優しさから言えません。そのため、売上が毎年、5%、10%と減ってきていました。経営のスリム化と資金調達のため、日本各地にあった工場を順に閉め、工場を売却しましたが、最終的には立ち行かなくなって、M&Aで売却となったのです。

結局、大手企業が傘下に組み入れましたが、決まるまでには相当の年月を要しました。もしももっと早く決断していれば、各地の工場を手放すことなく、M&Aもスムーズで、経営者としても何倍もの売却収入を得ることができたのではないかと思います。それでも、売却先が見つかっただけでも良かったと思います。もう少し待っても買い手が見つからなければ、廃業を勧めようと思っていたさなかのM&A成立です。決断がさらに遅れていたら、倒産に至っていたでしょう。

業績が右肩下がりになったとき、事業承継をして新たな経営者の下で再建を図るのか、不採算部門を閉じて事業を縮小するのか、売却するのか、廃業するのかなど、企業にはさまざまな道があります。しかし、黒字から赤字に転落する、あるいは赤字がどんどん膨らんでくると、会社の資産は減っていき、選択できる道は減ってしまいます。融資を受けている場合、決断を先延ばしにすれば、それだけ金利の負担が増し、経営は加速度的に圧迫されていくでしょう。切羽詰まってから今後の在り方を考えるのでは、選択肢が狭められてしまうのです。最終的には廃業もままならず、倒産しか道はないということになってしまいます。業績が右肩下がりで将来が不安だと感じたら、少しでも早く企業の出口を考え始めることが大切です。

倒産となれば、従業員に退職金を支払うこともできませんし、再就職の支援もできません。従業員にとってみれば、ある日突然放り出されるのです。社会的にみれば、倒産は、有形であれ無形であれ、まだ世の中に生かせる価値があるものをみすみす捨ててしまうことになります。廃業であれば従業員の再就職支援もでき、従業員はそれまで培ってきたスキルを別の企業で生かせますし、事業譲渡すれば事業そのものが無駄になりません。残る資産を何らかの形で他企業に移転させることができれば、それは社会貢献になるのではないでしょうか。経営者にとっては老後の資金が残るというメリットがあります。

M&Aにしろ、廃業にしろ、決断を遅らせれば遅らせるほど、資産が減るのみならず、人材も失われ、その意味でも企業価値は極端に下がっていきます。なぜなら、優秀な人材ほど自社の将来を察知し、早めに転職して去って行くからです。経営者が経営不振をひた隠しにしても、優秀な人材ほど、過度な経費削減が行われる、上司が相次いで退職する、同業他社の間で噂《うわさ》されているなど、周囲の雰囲気から会社の先行きを察知して転職先を探します。優秀であればあるほど、他社でも必要とされるため、早期に退職してしまうのです。

早期決断が大切である理由には、経営が立ち行かなくなる前にといった内部事情のみならず、今が売り時だという外部事情がある場合もあります。規制業種を持つある企業が当該事業を売却しました。国による規制変更により、事業規模に不釣り合いな大きな投資が必要となったため、後継者が見つからなかった経営者はこれを潮時と見て、企業売却を検討することにしたのです。この企業は業界トップクラスの企業が高値で買い取りました。しかし、その後、同様の理由から多くの企業がM&Aで売りに出されたのです。もし決断が半年から1年遅れていれば、市場の原理で価格は大幅に下がっていたと思います。

このように、赤字が累積していくという理由以外にも、早めに決断することが命運を分けることはあるのです。売却であっても、早めに専門家に相談しておけば、まだ売り時でない場合は機が熟すまで待つこともできます。しかし、時を戻すことはできないのです。

決断の猶予はわずか

ここまで見てきたように、「経営者が高齢になっている」「後継者がいない」「日本では内需が減少しており、売上増が見込めない」「時流が変わり、今まで成り立っていたビジネスが成り立たない」などの状況を考えると、高齢の経営者、ましてや構造不況業種の経営者には、企業の出口を決めるために残された猶予は少ないというのが結論です。

「自分の代で終わらせたくない」「従業員を路頭に迷わせたくない」「まだ頑張れる」という経営者の気持ちは分かります。また、決断しても従業員に会社売却や廃業の意向を発表した途端、その一部が経営者やご子息に「考え直して欲しい」と泣きついて、経営者の決断が鈍り、これまでと何も変わらない体制で存続することを決意したという例もあります。長年苦楽を共にし、家族のように思っている従業員から泣きつかれると、経営者は弱いものです。まだ資金に余裕があるなら営業し続けることができますが、業績が上がらない限り、いつかは限界がきてしまいます。余裕がなくなれば、倒産の懸念が高まります。倒産して何ももらえずに放り出されるより、廃業であっても実は割り増しで退職金をもらって、次を探す余裕を残して辞める方が幸せだということに、その時点では気付いていていないのです。一見、従業員にとって酷《こく》に見える廃業ですが、実はそれこそが従業員のためを思った決断になるのです。従業員には、その点を理解してもらいたいと思います。また、理解できるように経営者から説明をしてもらいたいと思います。

少し前の資料ですが、2014年版の『中小企業白書』では、多くのページを割いて、アンケート調査に基づき事業承継と廃業の実態をまとめています。この調査結果には、現時点でも共通する問題点や課題が浮き彫りとなっています。

同白書には「廃業の可能性を感じ始めた時期と廃業を決断した時期」の統計が掲載されています。これを見ると、「廃業した方がいいかもしれない」と感じて半年以内の企業では、約半数が実際には期間をおいてから廃業を決断していることが分かります。また、廃業の可能性を感じ始めてから時間が経てば経つほど、決断が鈍り、廃業までに時間がかかっていることも分かります（**図1-3**）。

同様に「廃業の可能性を感じてから行った取組」としては、取引先への説明の他、営業譲渡を含む事業の縮小や転換、後継者探しや育成、経営者の個人保有資産の投入などがあるようです。いずれにしても、経営者は感情で廃業や売却の判断を鈍らせることなく、客観的に自分の会社を見て、自分で経営するには限界があると感じたら早めに決断をすべき

図1-3 廃業の可能性を感じ始めた時期と廃業を決断した時期

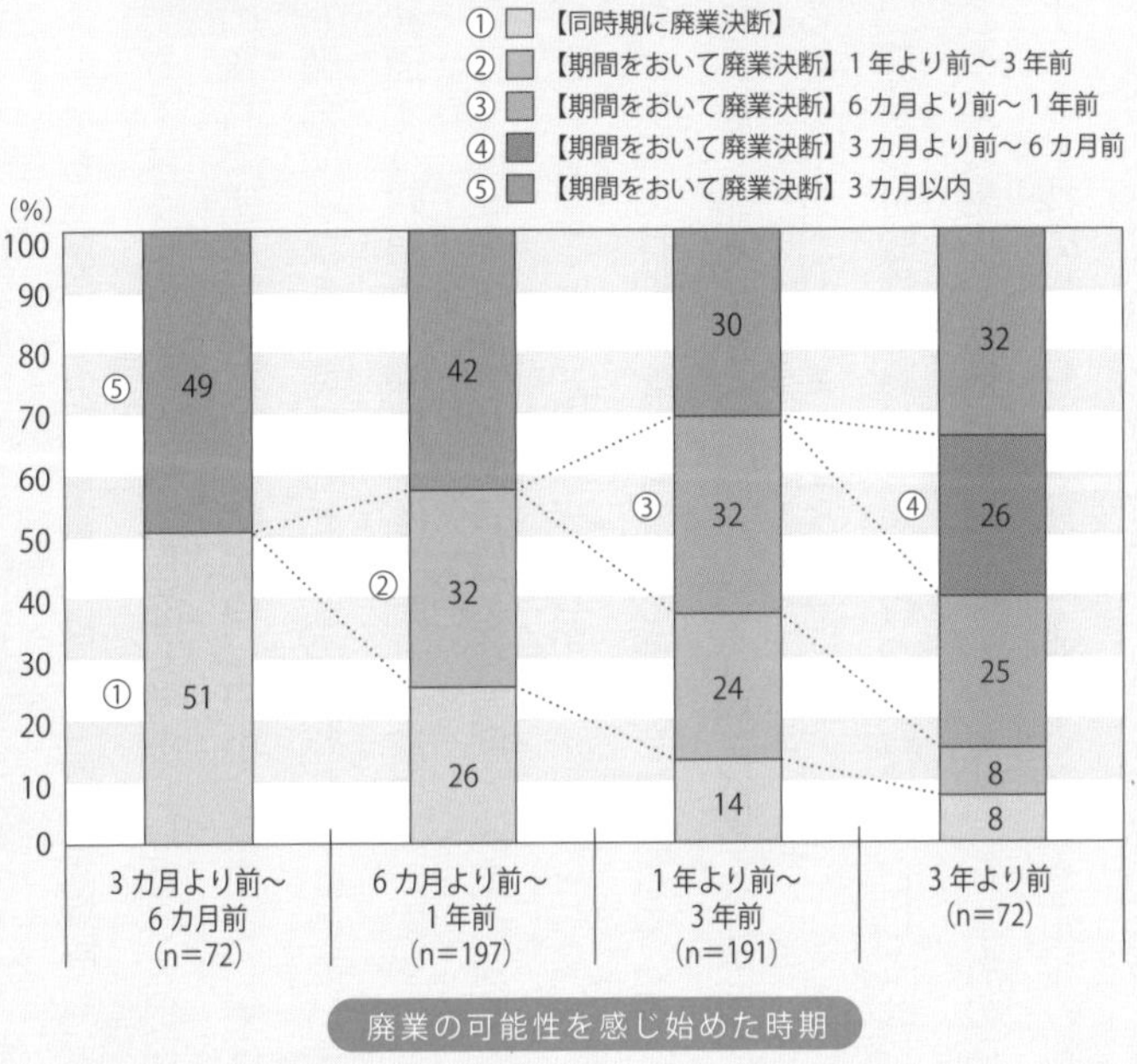

資料：中小企業庁委託「中小企業者・小規模企業者の廃業に関するアンケート調査」（2013年12月、帝国データバンク）

（注）1. 廃業した中小企業・小規模事業者に、廃業の可能性を感じ始めた時期と廃業の決断をした時期を、選択式で質問。選択肢は、（廃業の）「3カ月以内」、「3カ月より前～6カ月前」、「6カ月より前～1年前」、「1年より前～3年前」、「3年より前」の5択。

2.「同時期に廃業決断」とは、廃業の可能性を感じ始めた時期と廃業を決断した時期の両方で同じ時期を選択した者（両方について「3カ月より前～6カ月前」と回答したような者）。

3.「期間をおいて廃業決断」とは、廃業の可能性を感じ始めた時期より後の時期を、廃業を決断した時期として選択した者（廃業の可能性を感じた時期は「6カ月より前～1年前」と回答したが、廃業を決断した時期は「3カ月より前～6カ月前」と回答したような者）。

4. 廃業の3カ月以内に廃業を意識した者は、「同時期に廃業を決断した者」が100%となるため、表示していない。

出所：2014年版『中小企業白書』

です。

たとえ、決算書上で純資産がプラスになっていて、経営者自身の持ち出しの必要性がないように見えても、土地や建物を売却した場合、税金などにより、決算書上の金額と売却で得られる金額は大きく異なります。廃業をするなら、債権者にはその時点の債務を現金で支払わなければなりません。そう考えると、今はまだ耐えられそうに思えても、業績が悪化していれば、残された時間は少ないのです。

「数値」で事業継続を判断

業績が芳しくない場合、さらにこれから先も見通せない場合は、事業継続を断念し、出口戦略を模索しなくてはなりません。出口戦略を探ったり、事業の継続可能性を見極めたりするには、主に財務諸表にある数字を根拠にします。ところが多くの企業には複数の事業部門があり、本社の管理部門などといった共通コストもあります。つまり根拠とすべき数字をどう切り出し、どう判断するかは非常に難しいのです。仮に不採算事業を閉じる場合も、それによって収益事業にマイナスの影響を及ぼす場合があります。

とはいえ、コンサルタントという仕事をしていると、希望的観測で「将来的には立ち直る」と信じている経営者を多く見かけます。

かつて、アイデアマンの創業社長が経営をしている企業がありました。その企業は、これまでにいくつもの特許を取得し、それらの特許で事業を拡大してきたのです。その成功体験があるため、創業社長は今でも次々と研究開発にお金をかけていき、銀行からの融資が膨らんでしまいました。時代とは方向性が異なる技術開発が多く、結局はどれもものにならなかったため、研究開発費を回収することはできませんでした。銀行から「これでは立ち行かなくなる」と言われても、「今やっている研究開発がものになったら、すぐに借金は返せる」と引きません。「今までもずっとそうおっしゃっていましたよ」と忠告しても、「今回は今までとは違う」と聞く耳を持たないのです。とうとう銀行から「追加融資をする代わりに、社長を交代して欲しい」と条件を付けられ、娘婿が社長に就任しました。優秀な娘婿だったため、その後は建て直して、今では黒字企業になっています。このように感覚で経営をしていると、いつの間にか希望的観測で判断することになるため危険です。

だからこそ、コンサルタント会社などに客観的に数字を分析してもらい、専門的なアドバイスを受けることが重要になります。

専門家に財務の数字でさまざまなシミュレーションをしてもらい、どうするのが最善の策か、アドバイスを得る必要があるのです。経営とは、「今何とかなれば、それでいい」というものではありません。5年後、10年後を見越して、今何をすればいいのかが決まるのです。私どもの場合、可能な限り先まで予測をして、場合によっては今直面している課題のみならず、二代、三代先までを視野に入れた、長期的・継続的なコンサルティングを行っています。

例えば小売の場合、一店舗あたりの売上が減って、企業として右肩下がりになっていても、店舗を減らすことに抵抗感のある経営者が多いものです。でも、シミュレーションすると、店舗を減らすことで、ある程度の費用を削減すれば立ち直れると分かる場合もあります。損益分岐点を下げるという方法もあるでしょう。

製造業の場合は、企業が元気なうちは、老朽化して非効率な工場設備などを更新して新しい生産設備に置き換え、効率化を図り事業を継続することができます。しかし、それができない場合は、売上に合わせて工場規模を縮小するなどのシミュレーションを行って検証しなければなりません。こうした作業は社外の専門家の知見を取り入れることが有効な場合があります。社内のみで行うと、情緒的な思い込みが邪魔をして判断が鈍ることがあります。検証は数値を用いて社外の専門家も活用し、できるだけ客観的、中立的に行うべきなのです。

これから先、業績が回復するのかどうかを見極めるためには、日本の社会的構造や経済的構造の中で、自分たちが今から伸びていく産業に関わっているのか、あるいは残念ながら衰退していく産業に関わっているのか、これから生まれてくる産業に関わっていけるのかを認識する必要があります。もしも衰退していく産業であったとしても、最終的にその業界に関わる企業がゼロになることはありません。ですから、大勢の流れに抗うだけの力があれば、どんな産業でも残存者利益を得られるでしょう。残存者利益を得るための勝負に勝てないと思ったなら、早めに出口を探すべきです。

「前向きな変化」は社会にも幸せ

企業経営の出口は、倒産を除けば、親族であれ従業員であれ新たな経営者に託す、売却して委ねる、廃業する、のいずれかです。

そのいずれの道であれ、従業員はそれまでに培ってきたスキルを生かして働くことができたり、工場や設備などの経営資源は何らかの形で利用されることもあります。企業名やブランド名が残れば、引き継いだ企業は、周知にかかったそこまでの時間を節約することができるでしょう。元経営者が苦労して造り上げたものを引き継ぐことで、新経営者がゼロから造り上げるより、社会が効率良く循環すると思います。

このとき、多くの場合、不採算部門やこれからの事業に不要なものは切り捨て、必要なものだけを残していくため資源は淘汰されます。社会システムや経済情勢で不要なものが整理され、特に人的資源が社会で必要とされるところに再度生かされることができれば、社会にとってプラスになるのではないでしょうか。

中小企業の多くは、地域経済と密接につながっています。そこに必要な物資やサービスを提供し、同時に雇用を生み出しているからです。何らかの形でそれらを引き継がせるということは、社会貢献に他なりません。

例えば、私どもが手がけたＭ＆Ａに、寒冷地用カー用品を作っている企業がありました。寒冷地用という特殊な製品ですから、全国的に見ればさほど需要はありません。しかし、降雪地域などではそれがなくなると、途端に冬の生活に支障をきたしてしまいます。

この企業は、小さなマーケットを相手に商売をしていました。採算がとれず、経営が軌道に乗っていませんでした。この状態でM＆Aに出しても買い手は見つかりません。そこで、思い切って他社でも販売しているような商品の製造をやめ、事業を縮小したのです。すると、企業の特徴が際立ったこともあり、同じようにカー用品を作っている企業が「うちのラインナップに入れて作りましょう」と名乗りをあげ、M＆Aが成立しました。そのとき、私どもはほっとしたと同時に、寒冷地の人々に対して貢献できたことに胸をなで下ろしたのでした。

また、ある特定の商品の宅配を中心に事業を多角的に営んでいる企業が、後継者もいないし、コストが見合わないので何とかしたいと相談にいらしたことがありました。しかし、地域住民の暮らしを考えると、この企業の廃業によって地域での配送をやめるわけにはいきません。より広い地域で同様の事業を展開していた事業規模の大きな企業に、該当事業だけを切り離して引き取ってもらいました。

なくなると地域社会の生活に支障をきたす事業は他にも、病院や介護施設、保育園、自動車教習所などがあります。そのエリアにそれらがなくなると、必要なときに何時間もかけて出向かなければならないからです。さらに、すでに入院患者や入居者、施設利用者、生徒がいるため、ある日突然なくなったのでは、社会問題にもなりかねません。何かしら手当をしなければ、やめるにもやめられないのです。

このような企業から「廃業の手伝いをして欲しい」と言われると非常に悩みます。地域住民のために、事業を縮小することで存続できないか、どこかに移転して続けられないか、物件だけでもいいから居抜きで買って事業を始めてくれる人はいないか、M＆Aでマッチングできないかなど、ありとあらゆる方法を探ります。

経営者は「企業の存在そのものが社会貢献になっている」ことをよく理解し、事業承継であれ、事業売却であれ、廃業であれ、何らかの形で物資やサービス、従業員のスキルが存続していく道を探るべきではないでしょうか。

「従業員スキル」は社会の宝

コロナ禍で急速にテレワークやリモートワークが広がった日本ですが、求人にも大きな変化がありました。従来の一般的な新卒一括採用によるメンバーシップ型雇用から、仕事内容を明示して経験や専門知識のある人材を採用するジョブ型雇用が重視されるようになってきたのです。そこには、専門職を育てて国際競争力を付けたい、コストを削減したいという思惑もあります。

そのような傾向にあって、中小企業の中で培ってきた従業員のスキルを突然の倒産によって無駄にすることは、もはや社会問題です。先にも記したように、人材の育成には多くの時間とコストを要したはずです。経営者は気付かなかったかもしれませんが、従業員は現場での業務を通してさまざまな教育を受けています。現場の業務を通して行われる教育「OJT（オン・ザ・ジョブ・トレーニング）」で、従業員は教わる側も教える側もスキルアップしてきたのです。企業は従業員でできています。ですから、このOJTにこそ企業の歴史が詰まっており、それは何ものにも代えがたいものではないでしょうか。

事業を縮小するにしても、新しい経営者に承継するにしても、売却するにしても、事業が続く限りはそこで働いていた従業員のスキルはそのまま生かされます。たとえ廃業するにしても、自分のスキルに合った企業を斡旋してもらえれば、これまでのスキルを生かすことができます。これは従業員個人の生活のみならず、社会にとって、とても有意義なことだと思います。

中小企業は地域活性化の要

事業承継や廃業のお手伝いをしていると、地域活性化を考えざるを得ません。なぜなら、先に記したように、中小企業の多くは地域経済と密接につながっており、地域に必要な物資やサービスを提供して、同時に雇用を生み出しているからです。そこで、私どもは地方自治体などが保有する遊閑地の有効活用を通じ、地方都市の活性化を目的とした地方創生事業への支援を行っています。

今行っている地方創生事業として、２０１７年に石川県小松市の都市再生整備計画における重点項目のひとつ、ＪＲ小松駅前の複合ビル「Ｋｏｍａｔｓｕ Ａ×Ｚ Ｓｑｕａｒｅ」の開発事業をアレンジしました。２０２３年には北陸新幹線延伸計画のある福井県敦賀市でも、駅前に老若男女が集える複合型施設の開発事業を支援しています。これらは、改正不動産特定共同事業法に基づく「特別目的会社（ＳＰＣ）を活用した不動産特定共同事業」のスキームを活用した地方創生事業です。この事業を通して、地域が活性化し、経済がより潤滑に回っていければと願っているのです。

私たちは国連が推進するＳＤＧｓ（持続可能な開発目標）の考えも大切にしています。

地方創生事業において大学誘致を行っており、これはＳＤＧｓの目標のひとつ、「質の高い教育をみんなに」に合致しています。

人材育成の観点から、また、別のＳＤＧｓの目標、「貧困をなくそう」の観点から、奨学金支援を主たる目的とした財団法人の設立のサポートや運営の支援活動を行っています。

さらに、「すべての人に健康と福祉を」との目標に沿い、待機児童問題解消のための認可保育園の設立支援、高齢者福祉施設の設立支援、認知症セミナーの定期的な実施なども行っています。その理由は、私どもの企業の経営理念が「財産の承継・運用・管理を通してお客様の幸せに貢献していく」ことだからです。

私どもが行っている事業承継コンサルティング、あるいは事業を縮小して引き受け手を探すＭ＆Ａ、従業員を再就職させ、残る資源を活用する方向の廃業というものは、「産業と技術革新の基盤をつくろう」というＳＤＧｓの目標に合致していると考えています。

第2章

縮小型事業承継メソッド

事業承継は5つの視点で

会社経営を始めれば、やがて何らかの形でそれを承継する時がきます。まだ先のことと安心している経営者も多いようですが、その時がある日突然やってくることもあります。経営者本人が突然倒れるかもしれませんし、社会情勢が継続を許さない場合もあるでしょうし、債権者から交代を要求されることもあるでしょう。そんなとき、備えがなければ、企業は倒産してしまうかもしれません。

多くの方は、相続の備えといえば相続税の対策を想像するでしょう。しかし、事業承継の場合、株価対策だけでは円滑に事業が続いていきません。なぜなら、株式の移転は事業承継対策のほんの一部に過ぎないからです。

私どもは、特に家族や親族も関わって経営されている中小企業に対しては、事業を全体的・多角的に眺め、5つの視点から備えをするようアドバイスをしています（図2-1）。事業承継にあたって注意すべき項目が5つあるということです。

1番目は「円滑な経営承継」です。円滑な経営承継に必要な条件は、「現経営者の意思が反映された経営承継ができる」ことと、「承継後も会社が成長・発展していく環境が

図2-1 5つの視点

	5つの視点に基づく総合評価	ポイント
1	円滑な経営承継 ・オーナーのご意思が反映された経営承継になっていること ・承継後も会社が成長・発展していく環境が整っていること	●事業の持続性・成長性があること ●経営の安定化が図れる株主構成になっていること ●後継者が明確になっていること ●財務が健全であること
2	円滑な財産承継 ・オーナーのご意見が反映された財産承継になっていること ・ご家族間で争うことなく、合意された財産の承継が行われること	●財産承継方針が明確になっていること ●それについてご家族の理解があること
3	相続税の納税資金の確保 ・それぞれの相続人が円滑に納税ができること	●想定される相続税額を知ること ●5年、10年後と、将来の財産評価による相続税額を知ること
4	財産の運用と保全 ・資産運用をし、資産形成を行うこと	●経営承継後、経済的に安心して生活ができること ●相続発生後、残されたご家族が経済的に安心して生活ができること
5	まさかへの備え ・突然の相続や認知症の発症、災害、経済環境の変化が起こっても、会社・ご家族が安心して暮らせる環境を整えておくこと	●まさかの時でも、会社の経営が不安定にならないようにしておかれること ●まさかの時でも、財産承継において争いにならないようにしておかれること ●まさかの時でも、相続の納税ができ、その後のご家族の生活資金も確保されていること

整っている」ことです。その条件が整っているかというチェックのポイントは、事業に持続性や成長性があるかどうか、経営の安定化が図れる株主構成になっているかどうか、後継者が明確になっているかどうか、さらには、財務が健全であるかどうかです。

かつて、相続でもめて仲が悪くなった親族が、かなりの株式を保有していたという事例がありました。先行きも明るくなく、売上が右肩下がりのため、経営者は廃業したいのに、その親族が株式を手放してくれません。会社を解散するには株主総会で議決権の過半数を有する株主が出席して、出席した株主の議決権の3分の2以上の賛成が必要ですから、そうなると廃業ができないのです。廃業したくてもできない状態に陥りました。いくらコンサルタント会社に相談にきても、他人の所有物を無理やり奪い取ることはできませんから、どうすることもできません。そのようなことが起こらないように、経営者は承継前からきちんと経営の安定化が図れるように、株式の配分先を整理しておくべきです。

2番目は「円滑な財産承継」です。財産承継にもきちんと経営者の意思が反映され、家族間で争うことなく、合意された財産の承継が行われるようにすることです。それを実現できるか、そのチェックポイントは、財産承継方針が明確になっているかどうかと、それについて家族の理解があるかどうかになります。

株式の売却を拒まれたがために会社を解散できなくなったケースでも分かるように、財産の相続でもめないようにしておくことは、事業を円滑に承継できるかどうかのみならず、家族や親族間にしこりを残してしまうかどうかにも関わってきます。承継するうえで、最も重要な準備ともいえます。

3番目は、それぞれの相続人が円滑に納税できるかという「相続税の納税資金の確保」です。想定される相続税額を知ると同時に、5年後、10年後と、将来の財産評価による相続税額を知ることがポイントになります。

せっかく事業を承継しても、相続税が払えず、資金繰りがショートしてしまったのでは仕方がありません。日本の相続税は他国と比較しても高くなっています。その時がきて慌《あわ》てないように、納税資金も計画的に確保していく必要があります。

4番目は、資産運用をして資産形成を行う「財産の運用と保全」です。ポイントは、経営承継後、経済的に安心して生活ができること。そして、相続発生後、残された家族が経済的に安心して生活ができることです。

前経営者の他界によって事業は承継されたのですが、残された配偶者に収入がないため生活に困窮《こんきゅう》してしまうという話はよく耳にします。そのようなことがないように、財産を運用して最低限の生活が維持できるような仕組みを作っておきたいものです。

最後、5番目が「まさかへの備え」です。突然の相続や認知症の発症、災害、経済環境の変化が起こっても、会社や家族が安心して暮らせる環境を整えておくことが重要になります。ここでやっておくべきことは、まさかの時でも、会社の経営が不安定にならないようにしておくこと、財産承継において争いにならないようにしておくこと、相続税を納税したうえで、家族のその後の生活資金も確保できていることです。

かつて、創業社長が急逝《きゅうせい》された企業がありました。子どもはお嬢様だけで、ゆくゆくは彼女が後を継ぐべく、他社に就職して武者修行をしていた矢先です。お嬢様がまだ20歳代前半と若かったため、継げる日が来るまで創業社長の奥様がピンチヒッターで社長に就任しました。しかし、奥様は経営のイロハもご存じありません。その結果、昔からいた役員たちが好き勝手を始めたのです。気付くと赤字額が大きくなり、にっちもさっちもいかなくなってしまいました。お嬢様が育つまで会社がもたなくなってしまったのです。仕方なく不採算部門を畳んで、売却されました。もしも、いざという時に備えて、円滑な経営承継ができるように役員の間で経営方針についての合意ができていたなら、有能なお嬢様でしたから、もっと違う結果になったのではないでしょうか。

このように事業承継はいつ起こるか分からないのです。「自分が引退を決めた65歳になるまで、まだ10年以上ある」などと悠長なことを言っていてはいけません。急な事業承継があっても、会社のガバナンスが揺らがない、残された家族もきちんと生活を維持することができる、相続税によって企業の経営が逼迫《ひっぱく》しないようにしておくことは、安定した企業経営にとって最重要課題となります。

これらの体制を整えるためには、年単位の時間が必要です。また、社会情勢も企業の利益や資産などの数字も絶えず変化をしていますから、一度、5つの視点から体制を整えればもうそれでいいというものではありません。毎年見直して、理想的な状態に修正していくことが重要なのです。

第一に「読み込み」

事業承継の準備を始めるとき、はじめに会社の状況を客観的に把握する必要があります。私どもコンサルタントに話が持ち込まれたときは、まず企業の「読み込み」（外部環境、内部環境、技術力など、事業の競争力を総合的に分析すること）から始めます（図2-

図2-2　コンサルティングの流れ

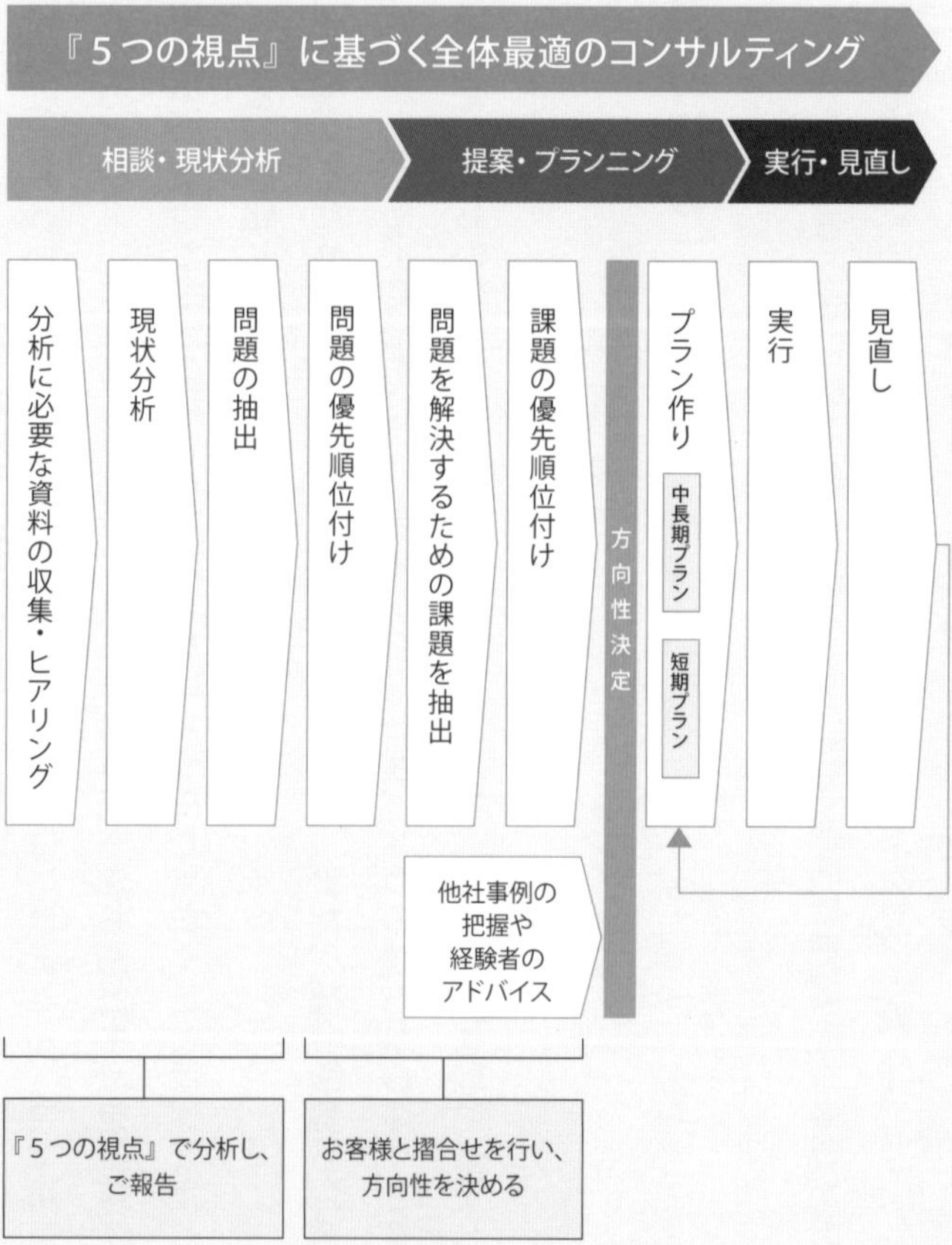
『5つの視点』に基づく全体最適のコンサルティング
相談・現状分析
提案・プランニング
実行・見直し
分析に必要な資料の収集・ヒアリング
現状分析
問題の抽出
問題の優先順位付け
問題を解決するための課題を抽出
課題の優先順位付け
方向性決定
プラン作り
中長期プラン
短期プラン
実行
見直し
他社事例の把握や経験者のアドバイス
『5つの視点』で分析し、ご報告
お客様と摺合せを行い、方向性を決める

2）。読み込みとは現状分析の一環ですが、会社の全体を理解することです。その企業がどのように生まれてきたのかという成り立ち、どのように育ってきたのか、苦しいなかをどのような方法でくぐり抜けて、そこから何を学んで残してきたのかという成長過程、さらには、企業の一生を考えたライフサイクルの中で、今どの位置にあるのかなども見ていきます。

次に、業界全体も知る必要がありますから、成長過程で同業他社にはどのようなことがあって、最大手には何があったのか、今この業界はどのような状態にあるのか、今後伸びていくのか衰退していくのかも確認します。例えば、大規模な店舗が多いなかで中小規模の店が生き残れるとすれば、そこには、価格を下げてディスカウントしているか、特定のお客様をつかんでいる、地元に密着して何十年もやっているなど、何かしら特徴があるはずです。

それらを理解するために、プロダクト・ライフスタイルのグラフやポジショニング・マップなどを作成することがあります。企業についてここまで読み込んで、併せて財務諸表などの数字を見ていくのです。

企業のライフサイクルには、事業を立ち上げたベンチャー期、売上を伸ばし事業を拡大していく成長期、事業がピークに達する成熟期、売上が下がっていく衰退期の4つの時期があります（図2-3）。さらに、4つの時期には、それぞれ課題や問題があります。ベンチャー期には事業を安定化するために一定の自己資金を必要とします。勢いのある成長期には人材確保という問題が出てくるでしょう。やがて成熟期を迎えると、事業承継が課題となってきます。そして衰退期を迎えると、早めに手を打たなければ破産まで突き進んでしまうという問題があります。ライフサイクルのどの時点にあるのかを確認することは大切です。

業界全体を知ることと前述しましたが、その業界にどのような企業がどれくらいあり、当事者企業がそのどの位置にいるかを知るための手法がポジショニング・マップです。まず、顧客の購買決定要因を抽出し、その中から当事者企業の顧客がどれを重視するのかを考えてふたつに絞り込み、それらを縦軸と横軸にとります。こうしてできた座標の中で、業界の競合各社がどこに位置するかを当てはめて作るものです。これにより、当事者企業の業界内での立ち位置が、視覚的に理解できるようになります。

さらに中小企業の場合、経営に影響を与えている社長の人柄にも大きく左右されます。ですから、社長はどんな人物なのか、どのようなときにどのような決断を下すのか。さら

図2-3　企業のライフサイクル

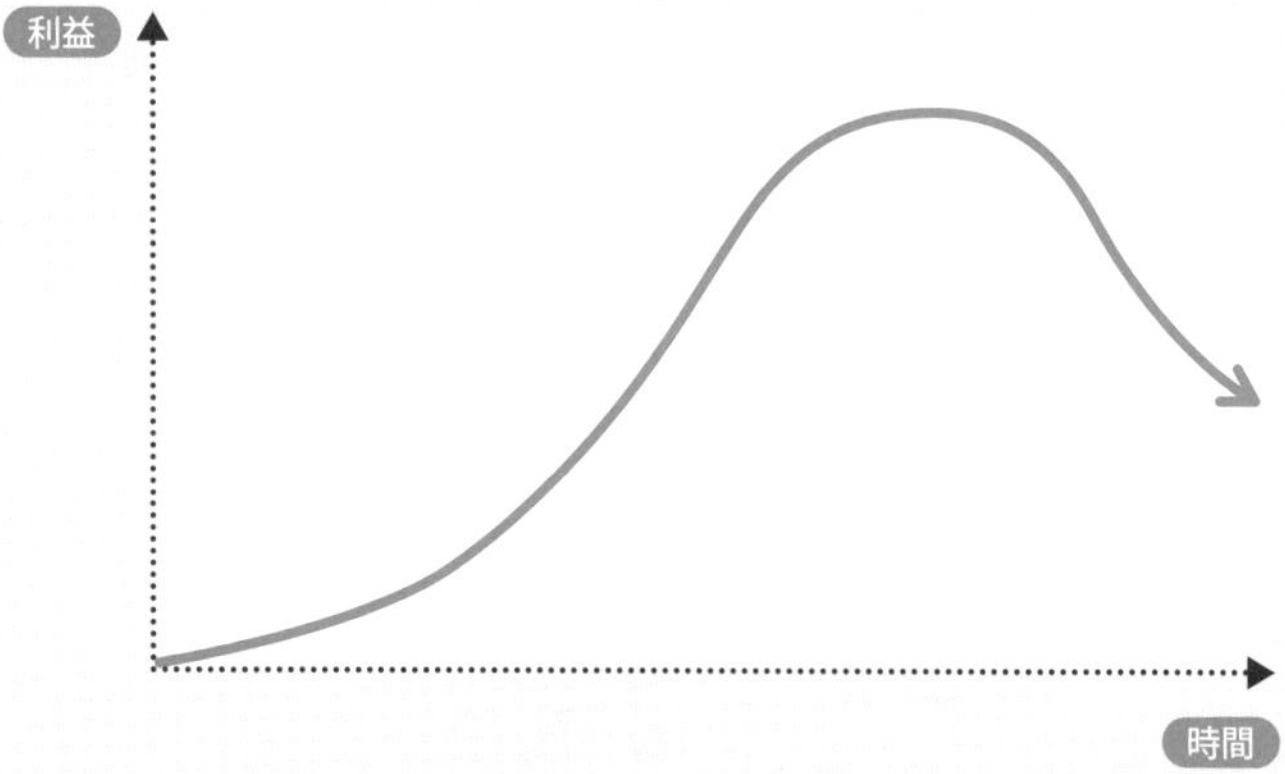

	ベンチャー期	成長期	成熟期	衰退期
課題	事業の安定化 資金調達　等	新事業展開 人材確保　等	既存顧客の維持 新規顧客の開拓 事業承継の準備 等	事業の見直し 事業承継・M&A・廃業　等

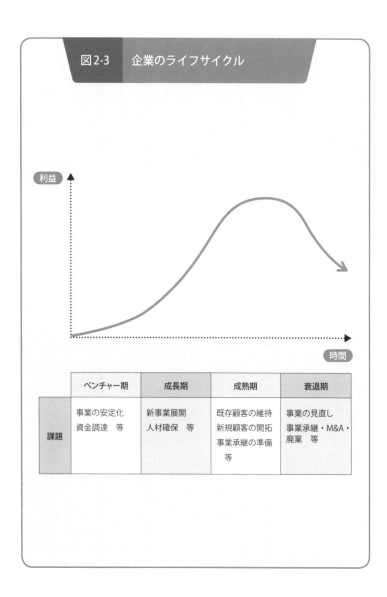

にはブレーンは何人いて、それぞれ社長とはどんな関係でどんな人か、社長や企業にどのような影響を与えているのか、どのようなときにどのような言動をとるのか、などまで情報を集めます。

ここまでの作業を、コンサルティングの世界では「読み込み」と呼んで重要視しています。読み込みが終わると、それをもとに、その先どうなっていくのかをシミュレーションしていきます。5年後にはどうなっているのか、その先はどうなるのか。途中でどのような手を加えれば、その先はどう変わっていくのかなどです。

なぜそこまで読み込みを重視するかといえば、今後その企業がどうなっていくかをシミュレーションする際の、前提となる情報だからです。前提を間違えてしまえば、シミュレーション結果は大きく外れてしまいます。経営者からヒアリングをしたうえで、読み込みも正しくできていなければ、どんな数字を持ってきて並べて分析しても、間違えた答えしか出てきません。ここにはコンサルタントがそれまで、どんな会社を見てきたのか、再生させてきたのかといった経験も大きく関わってきます。

その点、私どもは長い間、オーナー経営者の財産や不動産資産を預かったり、相続をお手伝いしたりしてきました。ですから、経営者に寄り添う経験が豊富であり、経営者が何を大切にし、気にされているのか、どういう部分で引っかかってしまうのかを理解することができます。もちろん人の考えは千差万別ですが、おおむね「こういうことを気にされるだろうな」というのは、経験則で分かるのです。ですから、企業を続けるにしても、誰かに承継させるにしても、M&A（企業の合併・買収）で売却するにしても、廃業するにしても、それを理解したうえで、経営者の思いに即した提案ができているのだと思います。

選択肢はひとつではない

ひとりの経営者にとって経営の出口として考えられる方法は、何らかの形で後継者を見つけて事業を承継する、そのままもしくは分割や縮小をして売却する、廃業する、倒産してしまうか、この4つのパターンのいずれかです。

もう少し経営者の立場から見ていきましょう。経営者が引退を考えたとき、当然ながら、自分が心血を注いできた企業を人手に渡したり、つぶしたりしたいと思うはずはありません。そこでまず考えるのは、親族承継でしょう。子どもに後継者がいなければ、兄弟や親族から該当する人材を探します。親族承継のメリットは、感性や価値観が近いということでしょう。特に後継者が子どもの場合は、身近に事業や会社がある中で育ってきたため、コミュニケーションさえとれていれば、経営方針に大きな齟齬《そご》は生じないはずです。周囲からも「いずれは後を継ぐ人」として見られてきたでしょうから、事業に関する多くの物事がスムーズに引き継がれていきます。

ただ、言葉に出してのコミュニケーションが不足していると、「分かっているだろう」という思い込みで誤解が生じることもあるため、一つひとつ確認をするなどの注意が必要です。ただし、金銭的にはデメリットもあります。それは、やむを得ないことではありますが、日本の税制度では贈与税や相続税が高いため、しっかりと備えておかなければ承継時につまずくことになりかねないということです。承継を円滑に進めるため、会社や個人事業の後継者が取得した一定の資産について、２００９年に贈与税や相続税の納税を猶予する事業承継税制として「非上場株式等に係る相続税・贈与税の納税猶予制度」が制定されましたが、それで全てが解決できるわけではありません。さらに「平成30年度税制改正」において、事業承継をより一層後押しするために「特例事業承継税制（特例制度）」も制定されています。これを使えば、株式の承継に伴う贈与税や相続税の納税を猶予、または免除してもらうことができますが、こちらは２０２７年12月までの期限付きです。

親族の中でも適当な後継者が見つからなければ、かわいがって育ててきた役員や従業員の中から、才能のある人材を見つけようとするでしょう。この場合、会社の事業や取引先などをよく知っている従業員が継ぐため、経営は円滑に承継されるはずです。

しかし、中小企業の経営者は債務保証を連帯保証の形で背負うことになります。つまり、事業に失敗すれば、経営者自身も全てを失うことになるのです。工場を持っている場合、今ある負債のみならず、一定期間ごとに機械をメンテナンスしたり買い替えたりしなければならず、常に多額の連帯保証が付いてまわることになります。この心理的重圧は大きなものです。

経営者の家族であれば、「経営者とはこういうものだ」という感覚で育ってきているため、あるいはいつかは自分が背負うものだと覚悟をしているため、従業員と比べると心理的不安は少ないでしょう。中小企業の多くの従業員は社長になるつもりで入社してはいません。それなのに、ある日突然、全責任を自分が背負う、借金も背負うということはあまりにハードルが高過ぎます。

さらに、会社には株式があります。経営を引き継ぐ場合、株式を買い取らなければなりません。なぜなら、株式の3分の2以上を保有していなければ、株主総会の特別決議を成立させることができないからです。2分の1以上を保有していれば、取締役や監査役の選任、役員の報酬の決定など経営に関することは決められますが、3分の2以上でなければ定款《ていかん》の変更、第三者割当増資、合併・会社分割・株式交換の承認など、できないことが出てきます。また、3分の1以上が集まって拒否権を発動される可能性もあるので、思うような会社運営をするための障害になります。そのため、できれば3分の2以上の株式を買い取らなければなりません。中小企業だとしても、株式を無料で後継者に引き渡すわけにはいきません。きちんと利益を出していれば、株式にはそれなりの価値があります。そうなると、後継者となる従業員には自社株式を買い取るだけの財力が必要になるのです。ただ、従業員に財力がなくても、会社の財務体質さえ良ければ、銀行から借りて、稼ぎから返すという方法はあります。いずれにしても、これをクリアしなければ、従業員に承継することはできません。

さまざまな壁をクリアできず、従業員の中にも後継者がいないとなれば、次に経営者が考えるのはM&Aでしょう。M&Aとは企業を売却することですが、見方を変えれば社外の第三者に承継して事業を残すということです。かつてM&Aには、いわゆる「ハゲタカファンド」をきっかけにした負のイメージが付きまとい、あまり前向きに考える経営者はいませんでした。「M&A」という言葉そのものにも強い抵抗が持たれていました。しかし、昨今ではそうしたイメージが急速に払拭されています。経済産業省は中小企業のM&Aに関するガイドラインをまとめていますが、2015年版は「事業引継ガイドライン」と題していたのに対し、最新の2020年版は「中小M&Aガイドライン」とはじめて「M&A」の言葉を用いています。また、2019年のM&Aの成立件数は4000件を突破し、もはや一般的な事業承継方法のひとつとして定着しました。

経営者が自分の会社をM&Aにより手放す理由には、後継者が見つからなかったという他に、自分では思うような経営ができない、引退時に資金を手元に残したい、不採算部門を切り離したい、または資金調達などがあげられるでしょう。いずれにしても、売る側と買う側がお互いに補完関係にあるとか、合わさることで規模のメリットが考えられる、何らかの相乗効果が見込めるなど、良い組み合わせであれば相乗効果を生み、これまで以上に大きな力を発揮することができます。

しかし、M&Aが成立するには相応に高いハードルがあり、必ずしも会社を引き取ってくれる企業が現れるわけではありません。経営者が交代した際のマイナス影響が少なく、高シェアの製品や独自の技術や営業基盤があり、収益が安定している会社であれば、会社を売却するハードルは低いといえるでしょう。しかし、不採算部門を多く抱え、過剰債務にあり、さらに構造不況業種にあるような会社は売却先を探すのが難航します。M＆Aの仲介会社が売却先を見つけられず、結果、M＆Aを諦《あきら》めざるを得なくなった事例は数多くあるのです。

親族承継、従業員承継、M＆Aと手を尽くしても事業存続が難しい場合、経営者はやむなく廃業を考えることになります（図2-4）。しかし、債務超過に陥っていて、廃業ができないケースもあります。その場合、残された出口は「法的整理」しかありません。法的整理には「会社更生法」と「民事再生法」による再建型倒産処理と、「破産」と「特別清算」による清算型倒産処理の4種類があります。事業の継続が困難な場合は、清算型倒産処理となり、一般的には経済的な破綻《はたん》を意味しています。いずれにしても、経営者は順を追って、あらゆる選択肢を検討する必要があります。

相談相手は慎重に

親族を探しても、従業員を探しても、適切な後継者が見つからなかった場合、まず経営

図2-4　親族承継、従業員承継、M&A、廃業の選択

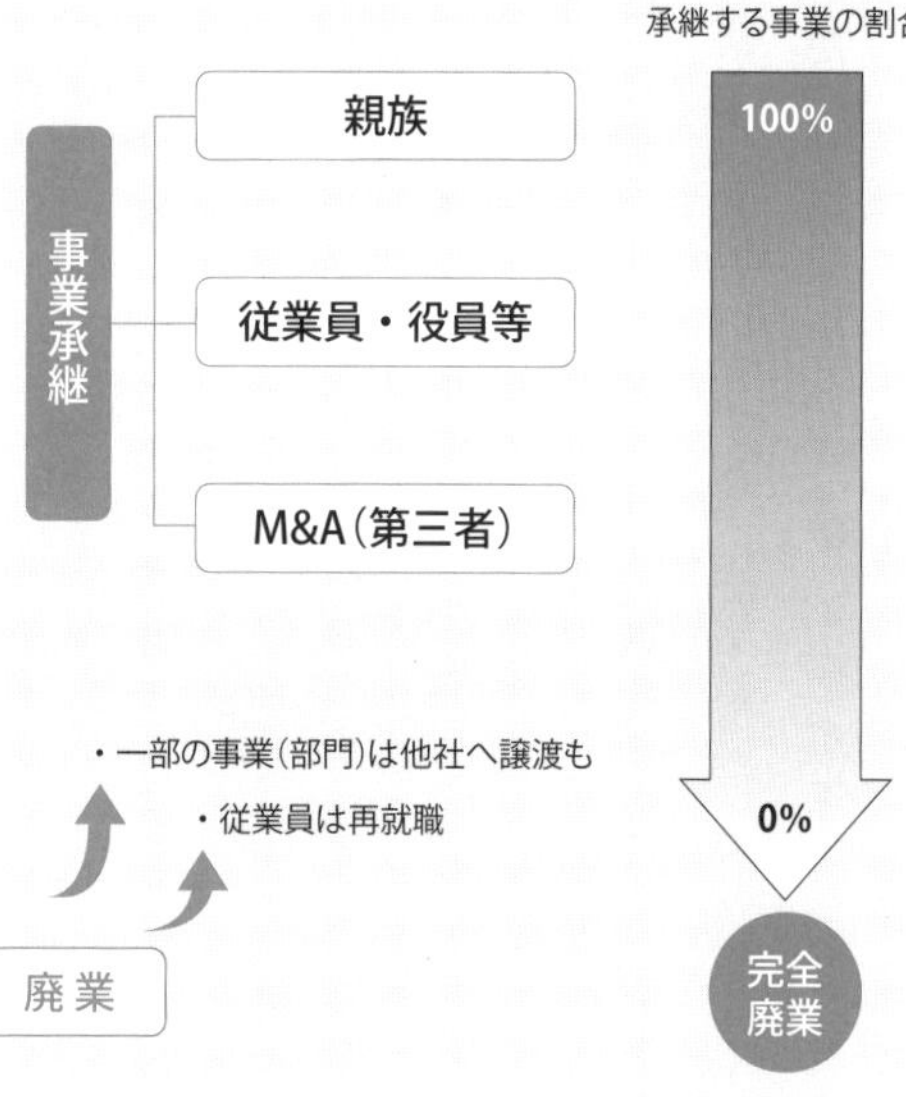

者が考えなければならないことは、事業を存続させるか、終わらせるかということです。存続させると決めたら、事業を分割できるのであれば、分割して承継してくれる人を探すこともできます。とりわけ店舗経営では、従業員にとってチェーン展開は難しいけれど、狭いエリアなら、あるいは1店舗なら継いでもいいというケースがあるからです。営業と製造など、兄弟でそれぞれ違う部門ごとに承継することも考えられます。

分割ではなく、縮小するという方法もあります。不採算部門を整理して黒字部分だけにすれば安心して経営できるため、後継者が見つかることもあるからです。自分で後継者を見つけることができなければ、縮小して黒字化し、買いやすくした状態でM&Aを検討して、第三者に継いでもらう道を探ります。

無理をして事業を存続させる必要はないと、廃業を選択することもあるでしょう。廃業を後ろめたく思う経営者も多いと思いますが、従業員には再就職してもらい、次の就職先でスキルを生かし、企業資産を売却してどこかの企業が生かしてくれれば、それは決して後ろめたいことではありません。

後継者が見つからなかったとき、あるいは廃業を考えたとき、多くの経営者は会計事務所などの税務顧問の先生に相談するでしょう。承継者と条件を合意し、家族も納得して株式の移動をするだけなら、それでもいいのかもしれません。しかし、「実は負債もそれなりにある」「業績が右肩下がりになっている」「将来的な経営不安を抱えている」などの問題があり、スムーズな親族承継あるいは従業員承継が難しそうなケース、M&Aも考えているケース、廃業が頭をよぎるようなケースでは、事業承継について詳しいコンサルティングの力を持った経験豊富な人、あるいは会社に相談すべきでしょう。

いずれにしても、事業承継はお金や利害関係が絡んだ問題です。不用意に知人に相談すれば、とんでもない問題が起こることがあります。間違えても、仲のいい取引先や同業者などに相談することはお勧めできません。業界そのものが芳しくないなら、基本的には取引先や同業者も自分たちと同じように苦境に陥っているはずです。そうなれば、企業の行く末を案じて相談したところで、ただお互いに傷をなめ合うだけということになります。

廃業するのが最善策だとしても、「もう少し頑張りましょう」「ここが頑張りどころですよ」「みんな同じですよ」「ここでやめられたら、私たちも困ります」「こちらも少しは融通しますから」「やめてその後どうするんですか？」などと言われ、ずるずる経営を続けて赤字の穴を深くしてしまいます。苦境に立たされている当事者には、自分たちの姿がよく見えていないことが多いのです。また、やめられては困るから引き留めているだけということもあります。

一方、会社を売却したいと中途半端に相談すれば、話した相手があちこちに声をかけ、売却希望の噂《うわさ》が独り歩きしてしまうかもしれません。そうなれば、取引先が与信リスクを嫌って取引を停止することも考えられますし、信用力が落ちて「訳ありの会社」だと見なされかねません。もし、複数の企業から「この会社を買いませんか？」と話が舞い込んだ場合、皆さんならどのように判断しますか？　いい会社であればすぐにM＆Aが成立するはずです。あちこちから話を聞くということは、売れ残りであり、売れ残るだけの理由があるのだと判断するのではないでしょうか。それが「訳ありの会社」と評価されてしまう理由です。

いずれにせよ、知見を持ち合わせていない人への不用意な相談は慎んでください。後悔しないために、さまざまなシミュレーションを行ったうえで客観的な判断ができ、多角的・多面的に捉えることができ、法律・相続・M＆A・財務など、多くの専門的な知識のある会社を頼るべきです。

その点、志のあるコンサルタントは顧客側にしっかりと立ちます。他方で当事者企業と取引先は利害関係にあり、取引先としては少しでも自社に有利な方へ誘導したくなるものです。しかし、コンサルタントのインセンティブは、最終的に顧客にとって最善となる方法を選択してもらうことです。一番正しい決断につながる回答を出すことをやり甲斐として仕事をしています。困ったときはコンサルタントを頼って、不幸な結果を回避していただきたいと思います。

台頭する「M&A仲介会社」「事業承継ファンド」

M&Aの件数を見ると、日本では1997年頃から伸びています。おそらく、規制緩和や長期経済不況による影響が大きいのでしょう。今ではそこに産業構造の変化や後継者不在問題が加わり、M&Aの波はさらに加速しています。もはやM&Aは新規事業への進出や既存事業拡大のための一般的な手法のひとつとなっています。

それに伴って、国内のM&A仲介会社は数百社あるといわれています。まさにM&Aに関わること自体がビジネスチャンスとなっている状態です。承継期を迎えているのに後継者がいない企業が127万社あるといわれていますから、当然のことなのかもしれません。M&A件数増加の傾向は、これからも続くでしょう。

ところが、M&A仲介会社の方と話をしていると、「うちは、そもそも赤字になっている企業の案件は受けていません」とおっしゃる方もいます。「赤字の企業は、買い手が付かないので」と言うのです。不採算部門を上手に閉じれば黒字会社になる、あるいは資産が過剰なために整理をすれば黒字になるにもかかわらず、そのような状況なのです。業績が良かった企業でも、コロナ禍で一時的に赤字転落してしまった企業は多いでしょう。仲介会社が応じてくれないなら、そのような企業は今後どこに相談に行けばいいのでしょうか。

M&A仲介会社と同じように、今、台頭してきているのが事業承継ファンドです。そもそもファンドとは、投資や運用を目的として集めた資金のことです。金融の世界では、投資家から資金を集め、投資や運用をして得られた利益を投資家に分配する構造をファンドと呼びます。その中でも事業承継をする企業に特化したファンドが、事業承継ファンドなのです。「ファンド」と言うと、かつてのM&A同様に、いかがわしさを感じる方がいるのも事実です。はやり「ハゲタカファンド」の印象が根強く残っているのが理由でしょう。

それでは、事業承継ファンドとは具体的にどのようなシステムなのでしょうか。まず、事業承継ファンドが手がけるのは、後継者が見つからないだけで、誰かが継げば事業が残る企業ということが最低条件です。つまり、それなりに将来性がある、あるいは見込めると判断された企業です。後継者がいないけれども将来性がある企業を買い取り、そこにファンド側から経営者を派遣して業績、企業価値を上げ、買い取った金額より高く売却するというビジネスモデルになります。

例えば、これまで1000万円しか利益が出ていなかった企業を買い取り、3年なら3年、5年なら5年といった期間で、利益を5000万円に引き上げます。するとごくごく単純にいえば、企業の価値が利益ベースで5倍になります。分かりやすいように利益額を買い取り額だと考えれば、1000万円で買った企業が、5000万円で売却できることになるのです。もちろん3～5年の間に経費が出ていますが、これはたとえなので今は計算に入れません。この場合、差額の4000万円をファンドの出資者で分配することができます。

事業承継ファンドでは、例えば経営を建て直して黒字化するのに、通常3～5年の年月を想定します。M&Aの場合、買い手は企業ですから、買収した後で経営建て直しに3～5年もかかってしまったら採算が合いません。それに比べて、事業承継ファンドははじめからそれを見越して買うため、将来性があると判断されれば、現在の経営状況についてはM&Aと比べて多少なりともハードルが低くなると考えられます。

ここで注目して欲しいのは、事業承継ファンドに経営を任せることで、業績が上向く可能性があるということです。また、事業承継ファンドが経営を建て直した企業を売却するとき、元経営者が買い戻すこともできますし、元経営者が引退するときに経験不足だった子どもが、適齢期になって買い戻すこともできます。

帝国データバンクの「全国企業『後継者不在率』動向調査（2020年）」によれば、2020年における後継者不在率は65・1％となっています。この数字は、国の経済にも暗い影を落としています。経済産業省の試算では、このまま後継者不在が続けば、2025年頃までに最大で約650万人の雇用と、約22兆円ものGDP（国内総生産）が失われると出ているからです。そこで、政府も特例事業承継税制や補助金を導入するなど、事業承継問題に本腰を入れ始めました。

独立行政法人である中小企業基盤整備機構（中小機構）によるファンド、東京都が最大の出資者で都内の中小企業や小規模事業者の事業承継を支援するTOKYO事業承継支援ファンドなど、公的なファンドをはじめとし、複数の機関投資家や個人投資家から資金を調達しているPE（未公開株、プライベート・エクイティ）ファンドが数多く登場しています。

「100」か「0」ではない

先にも記したように、M&Aを考えても財務状況や事業環境などを理由にM&Aが成立しないことがあります。事業承継ファンドが対象にしているのは事業が存続できると判断された企業のみです。そうなると、今まさに経営が右肩下がりになっているような中小企業はどうすればいいのでしょう。たとえM&Aの仲介会社が引き受けてくれたとしても、すでに斜陽化している産業など、どのように努力してももう業績が上向きそうにない業種には、買い手が興味を示してくれません。

事業承継ファンドが興味を示しやすいのは、特定の技術を持っているとか、特許がある、他と差別化できるブランド名や歴史を持っているような企業なのです。

事業承継で困っている中小企業の多くは、M&Aで買い手を見つけることもできなければ、事業承継ファンドに興味を持ってもらうこともできません。経営者が引退したければ、ここで残された道は廃業しかなくなります。しかし、本当にそれでいいのでしょうか？　もしかしたら、一部だけでも残すという方法があるのではないでしょうか？　例えば、少しであっても事業が存続するとか、一部の雇用が残るとか、長く使ってきた機械設備が引き続き使われるとか、ブランド名が残るとか、出版社であれば雑誌のタイトルが残るなど、努力して経営してきた足跡を残せる可能性はあるはずなのです。

言い方を変えれば、M&Aとは企業を全部引き受けてもらえる、つまり100%残ることを意味します。廃業と聞いて思い浮かべる「完全廃業」では0になります。しかし、選択肢は本当に「100」か「0」だけなのでしょうか？　多分、その間には30があったり、50があったりするはずです。30や50で先があるなら、そこを目指してもいいのではないでしょうか。

私どもの仕事は、お客様の幸せのため、経営者に寄り添って企業の最善な出口を探すことです。M&Aで第三者が会社を承継して続いていくことと、完全廃業して、会社も、作っていたものやブランド名もなくなってしまうこととでは大きな差があります。M&Aが駄目だから、事業承継ファンドも興味を示してくれないからといって、すぐに完全廃業を選択するのではなく、可能性のある選択肢、つまり30や50の道を示しながら経営者と一緒に出口を探すことができれば、それは経営者にとって幸せなことではないでしょうか。

例えば、ある企業が10種類の製品を作っているとしましょう。7種類はある程度売れていますが、残る3種類が足を引っ張って、全体として赤字となり、なかなか赤字から抜け出せません。ここで赤字の原因となっている3種類の製品の製造をやめ、維持費のかかる機械設備をスクラップし、それらの製品に関わっていた従業員を再配置して、工場規模を小さくすればどうなるでしょう？「赤字会社」が一転して「将来が明るい会社」になります。そうすれば、「過去には赤字部分もありましたが、整理して今は黒字なんですね。いいお客さんも付いていますから、M＆Aを検討しましょう」と興味を示してくれる企業が出るはずです。親族や従業員が「赤字を切り捨てたなら、自分にも経営できそうだから承継してもいい」と名乗りをあげるかもしれません。

このように事業内容を整理すると、通常のM＆Aと完全廃業の間にあった別の道が見えてくるのです。企業を縮小するには年単位の時間と煩《わずら》わしい手間が必要となるため、M＆A仲介会社は引き受けてくれません。M＆Aを希望する売り手企業は増えてきました。ですから、言い方は悪いのですが、手っ取り早く次々にさばいて売れば、たくさんの対価を手にできるというのがM＆A仲介会社の本音でしょう。経営者本人にとっては心血注いできたかわいい会社でも、仲介会社にとっては他と同じひとつの案件に過ぎません。多くの案件を抱えているなかで、時間と手間のかかる縮小などやりたくないのです。

事業承継ファンドは、いかに効率良く企業価値を上げるかを最大の課題としていますから、普通はこのような仕事は行いません。専門知識を持った経験豊富な誰かの知恵と、手間暇を厭《いと》わない誰かの世話があれば、縮小することで良いマッチングができてM&Aが成立する可能性がありますが、通常の事業承継ファンドは縮小を前提としていません。

では、経営者が自分で不採算部門を縮小して、M&A仲介会社に持ち込めばいいのではと考えるかもしれません。しかし、不採算部門だからといって、閉じてしまえばいいというものではないのです。なぜなら、どこが買い手として名乗りをあげるか分からない状態では、買い手の思惑が分からないからです。自分にとっては不採算部門でも、買い手にとってはそうではないことがあります。手持ちの部門と組み合わせれば採算が合うと判断されるかもしれないからです。

例えば、A~Dまでの地域に店舗展開をしているチェーン店で、AとBは黒字だけれども、CとDは赤字というケースを考えてみましょう。買い手の企業が、同じくCとDに店舗展開をしていれば、共同仕入れをしたり、合わせて配送をしたり、人材を一緒に活用したりすることでコストを下げることができ、赤字だったCやDも黒字転換すると考えるかもしれません。その企業にとっては、むしろ離れた場所にある黒字のAやBこそが不要な店舗かもしれないのです。買い手企業がBとCに出店していれば、「黒字のBと赤字のC

が欲しい」、あるいは「黒字のAとBに加えて赤字のCも欲しい」と言うかもしれません。

買い手が自分たちの事業にとって必要な部分だけを買うことを「チェリーピッキング」と言います。このような場合、売り手としては、不採算部分を閉めてAとBを残して売りに出すより、全て残っている状態で「好きなところだけ持って行ってください」と言う方が買い手が付きます。このように、縮小する場合は買い手を想定して、やめる部分と残す部分を考えなければなりません。

ただし、通常のM&A仲介会社を通してそのままチェリーピッキングが行われた場合、当然、不採算部門だけが残ることになりますから、経営者からしてみたら「自分の手元には赤字部分だけ残ったけど、これはどうするの？」という話になります。赤字部分だけを抱えて、廃業すらできなくなるのです。

だからこそ、M&Aで売却するならこのあたりは改善しておいた方がいいとか、誰に承継するにしてもここは整理しておきたいなどのアドバイスがもらえる経験豊富な専門家に任せるべきだと思います。例えば、事業に関係がない収益ビルを持っていた場合、専門家は企業の全体を見て、「どんな買い手もいらないと判断する物件だから、早めに売って代金を回収し、資産を圧縮しておこう」「早めに処分して、負債を減らしておこう」など、最適な方法を考えてくれます。

新手法「縮小型事業承継メソッド」

M&Aという実務を行っていくなかで経験的に感じてきたことは、通常のM&Aで買い手が付かなかった場合、すぐに廃業して何もかもをゼロにしていいのかということでした。かつては家業として子どもが継ぐことが多かった事業承継ですが、今では第三者による承継が増えました。しかし、縁もゆかりもない赤字会社の経営を買って出る人はいません。その企業にとって不要な部分を削ってあげれば、この企業にも買い手が現れるのにと感じたことは一度や二度ではありません。それなのに、それをしようという専門家はほとんどいないのが現実です。通常のM&Aと完全廃業の間は、まさにエアーポケットのように空いています。私どもは、そこを埋めることができれば、大きな社会貢献になるのではないだろうかと考えました。

そこで、通常のM&Aと完全廃業の間にある別の道を見つけ出すお手伝いをしたいと考えました。それを通して、社会に貢献していきたいとも考えています。その方法として、世の中の需要やシェアの減少に合わせて資産や商品数、店舗数などを圧縮し、「引き継ぎやすい」状態を作ることに力を入れることにしたのです。

そして、この方法を「縮小型事業承継メソッド」と名付けました。引き継ぎやすくするという意味には、M＆Aで買い手が付きやすくすること、親族や従業員が承継しやすくなることなど、全てを含んでいます。なぜなら、これまでに現状のまま事業を承継しようとしても引き継ぐ人が現れないけれども、縮小したり分割したりすることで承継者が現れることを、経験値として知っていたからです。

事実、通常のM＆Aと完全廃業の間になるべく多くの道を見つけ出し、これまで多くの中小企業に出口を提供してきました。出口を見つけた元経営者たちは、その後の生活に必要なお金を手にし、第二の人生を謳歌《おうか》していらっしゃいます。また、こうして一部であっても残すことが、雇用を残し、関わる人の生活を残し、その地域に必要な物資やサービスを残すこととなり、地域活性化にもつながっています。

縮小型事業承継メソッドを行う場合、まず対象となる企業の読み込みから始めます。業種・業態やビジネスモデルを理解しながら、経営者と話をして方向性や考え方、企業カルチャーなどを理解すると同時に、財務諸表などの数字を検討していきます。さらに、弁護士や会計士、税理士などに入ってもらい、専門家的な調査を行います。読み込みに1～2カ月要し、具体プランの策定にさらに1～2カ月は必要です。

次に、会社をどうしたいかという経営者ご自身の希望も重要になります。絶対にこの部門だけはなくしたくないというものがあるのか、あるいはブランド名だけは変えたくないと考えているのかなどです。企業は産声《うぶごえ》をあげ、成長して、変革期を迎える生き物です。そこには経営者や従業員の血が通っていますから、いくら合理的にといっても、意向を無視して事業を圧縮することはできません。

これらを踏まえ、事業規模を縮小することによって次のステップにつながると判断すれば、ファンドの活用となります。私どももファンドを持っており、スムーズに事業を縮小してM&Aを行いたいときや、廃業を行うとき、その中間の道を探る場合に企業を買い取ります。

ファンドで買い取った後、経営悪化の原因を突き止め、それを是正しながら圧縮を実行します。事業を縮小するには時間がかかる場合もあります。その間、赤字の元凶となっている部分をそのまま放っておくことはできません。少しでも良い条件でM&Aに出せるよう、まずは出血を止めながら経営の是正を縮小と同時に進めていくのです。

縮小の方法は、まず固定資産を精査し、事業と関係のないものは極力売り、資産を圧縮。次に、どのような企業が買い手として現れるかを想定し、買い手が相乗効果を考えてくるような案件は、相手に合わせて交渉できるように縮小幅を少なくして余地を残します。ただし、経営状態が待ったなしの場合もありますから、その場合はM&Aより先に存続を優先します。

50店舗ほどの婦人服店を抱え、赤字がかさんでいくために事業を売却したいと相談してきた企業があります。ここは、M&A以前の問題として、赤字で手持ちのお金がどんどん減っていたため、そのままでは倒産を免れない状態でした。そこで最初に、赤字店舗と黒字店舗を分け、赤字店舗を閉鎖して行ったのです。お金の持ち出しをストップし、そのうえで資産を整理し、事業を縮小しました。すると、有能な従業員が「これだけの店舗数なら、まだいける。自分が経営をやってみたい」と承継を名乗り出てきたのです。「足かせの赤字店舗さえなくなれば、まだいける」というのは、実際に店に立って接客している人の肌感覚でしょう。特に店舗の場合、「いずれ自分の店を持ちたい」と考えて入社してくる独立志向の高い従業員もいます。数を減らしたり、黒字店舗だけに集約したりすることで、そういった従業員が手をあげるケースもあるのです。

もちろん、ファンドで買い取ることなく、経営者が株式を保有したまま事業を縮小して、M&Aに出す場合もあります。ただ、ファンドで買い取った方が、経験があって慣れている分、効率良く縮小することができると思います。何しろ、通常の経営者にとっては、事業の縮小や廃業ははじめての経験でしょうから。

「強み」を受け渡す

事業を縮小してM&Aに出そうとするときこそ、いかにじっくりと対象企業やその業界の読み込みをしたかが成功と失敗を分けます。読み込みとは先に記したように、企業の成り立ちや成長過程、さらにはライフサイクルやポジショニング、社長やブレーンの人となりなどを理解することです。理解したうえで、その企業の弱みと強みを把握し、弱みだったことを解消し、強みがより際立つように縮小していきます。また、業界全体を知ることで、どこが買い手として名乗りをあげてくるかも予測します。しっかりと読み込みをし、買い手が予測できれば、そこが欲しがるであろうと考えられる部分を残して圧縮するという作業を進めることができるのです。

もちろん、通常の経営コンサルティングとは異なり、経営者に分厚いレポートを提出することはないのですが、私どもの会社では裏でこのように膨大な分析をして、経営者に伴走して、どうすればいいのか、企業の出口を模索しているのです。

ファンドで企業を買い取るという意味は、新しいオーナーになることです。そうすることで、経験値のあるファンドが前経営者に代わって、縮小や廃業に関わる膨大な数の作業をもれなく遂行することができます。前経営者側からすれば、ファンドに株式を売り渡した時点で、早々と安全にゴールに到達しているのです。

企業を縮小したり、廃業したりするときには、細かな作業がたくさんあります。人員合理化の対象となる従業員との折衝から始まり、車やコピー機のリースを解約、業界団体に入っていれば抜けないといけない、借りていた店舗や事務所を手放す場合は原状に戻すなど、面倒で手間のかかる細かな手続きがたくさんあります。付随する契約にしても、通常の中小企業でも膨大にあります。リースの途中解約では違約金が生じるため、その交渉もしなければなりません。慣れていないと足下を見られ、高額な違約金を要求される場合もあります。廃業するにしても帳簿は最後まで付けないといけませんから、総務と経理の人には残ってもらわなければなりません。しかし、経理のためとはいえ残って欲しいと頼まれた従業員にしてみれば、早く辞めて次の就職先を探したいと思うでしょう。その説得や条件を提示することも大変です。取引先にも説明をして、売掛金などがあれば清算し、納得してもらわなければなりません。定期的な受注をしていたなら、新たな発注先を探してくれるよう説明し、場合によっては一緒に対応策を考えます。

ファンドで企業を買い取った場合、その後、一定期間は運営していかなければなりません。運営している間に少しでも業績が伸びるよう、請け負った企業の強みを知ることは大切なことなのです。うまく業績が伸びて、明るい将来が見えてくればM&Aに進めます。読み込みの結果、強みがあまりなくて、他社と大差がなく、あまり将来に期待が持てないとなれば、再利用できる部分は他企業に売却したうえで廃業に向けて進みます。

会社の成り立ちや成長過程、どういう事業で成り立っていて、どんなビジネスモデルなのか、業界全体のどこに位置しているのか、そもそもその業界はどんな状況なのかさえ知らず、株式を100%買い取って株主になっただけでは、うまく事業を縮小してM&Aに出したり、売却できる部分は売却して廃業したりすることはできないのです。

廃業は「戦略的撤退」だ

心血を注いで経営してきた会社です。できれば何かしら残して欲しいというのが、経営者の本音でしょう。しかし、遊休資産を売り、コストカットを図り、事業を縮小して企業をスリムにしても、M&Aに出せない、あるいは出しても買い手が付かない場合もあります。そのような場合は、その企業の社会的使命が終わったと考えて、円満に廃業する必要が出てきます。

仲介会社にM&Aを依頼して、無理だと分かったらすぐに廃業するのとは異なり、縮小型事業承継メソッドでは、これを進めていく過程で、他企業が利用できるものはそこに売却し、継続されます。目に見える形ではなかったとしても、何かしらが残っているのです。最終的に廃業だとしても、経営者は使ってもらえるものは使ってもらっている、やるだけのことをやったという安堵《あんど》感が残るでしょう。

縮小型事業承継メソッドにおける廃業は、完全廃業とは異なり、スキルを持った従業員はそのスキルを再就職先で生かすことができますし、固定資産やノウハウはすでに他企業が使用していますから、残るもの、持続するものがあります。社会にとって、会社が培ってきたものを残そうとするこの廃業の仕方は、ＳＤＧｓ（持続可能な開発目標）の「持続可能な開発のための２０３０アジェンダ」に掲げられた「働きがいも経済成長も」「産業と技術革新の基盤をつくろう」、さらには「パートナーシップで目標を達成しよう」といった目標の実現に他ならないと考えます。

廃業を敗北だと捉える経営者が多いようですが、そうではありません。債務超過になっていれば倒産しかないため、廃業できるということは勝利に等しいことです。債務超過に陥っていないのですから、敗北ではありません。これまでの廃業のイメージとは異なる「幸せな廃業」なのです。そこで、次の章ではこの幸せな廃業について詳しく記したいと思います。

第3章

「幸せな廃業」で未来を拓く

廃業から逃げない

赤字が続き、本来、廃業が望ましいと思われる企業でも、経営者がその決断を先延ばしにしている状況は、よく目にします。経営者は「ここを乗り越えさえすれば、売上が回復するかもしれない」「もう少し様子を見てからでもいいのでは」「従業員をリストラすればしのげるかもしれない」「少し休業をして、様子を見てみよう」などと易きに流れているのかもしれません。

しかし、冷静になれば、時間が経てば経つほど状況が悪化していくことが理解できるでしょう。財務諸表が数字でそれを物語っています。ところが、人は自分にとって不都合な決断は、状況を楽観的に捉えることで先延ばしにしようとします。経営者にとって、廃業の決断はそれに当たります。しかし、本当に廃業は不都合な決断なのでしょうか？

最初に理解していただきたいのは、「休業」「倒産」「廃業」の3つの違いです。

まず一番分かりやすい休業ですが、これは事業を一時的に休止することで、企業そのものは残しておく状態です。事業承継を考えている会社にとって、休業は現実的な選択肢とはならないケースが多いとは思いますが、簡単に触れておきます。休業は廃業届を出していないので、いつでも事業を再開できます。ただし現実として、長い間取引を停止してしまえば、取引を再開してくれなかったり、顧客が離れたりすることが多いため、そのまま廃業に追い込まれてしまう場合もあります。休業をする場合は、取引先の理解や顧客のつなぎ止めが必要となるでしょう。

次に倒産を考えてみましょう。そもそも倒産とは正式な法律用語ではありません。1952年に東京商工リサーチが倒産動向の集計を始めたことで、使われるようになりました。倒産とは、「経営が困難になった状態」を意味します。一般的には、倒産とは債務の支払いができずに、強制的にやめさせられることを指します。いくら資産を売っても負債の方が多く、自力では支払うことができない状態です。この場合は破産手続きに入ります。破産とは、「債務超過や支払不能といった倒産状態にある企業が、残された財産を裁判所の関与のもと、債権者に平等に配当して会社を清算する手続き」のことです。中小企業の場合、経営者個人は融資の連帯保証をしているため、融資の返済ができなければ、経営者は私財を投じて融資を返済したり、場合によっては自己破産をしたりして運命を共にすることを意味しています。

では、倒産と廃業とではどこが違うのでしょう。廃業とは、自分の意思で会社をやめることです。売上が右肩下がりで赤字でも、資産の方が多ければ、それを売却して負債を返せるため自分の意思でやめることができます。返済できるのですから、取引先にも、融資を受けた銀行にも、誰にも迷惑をかけずに済みます。赤字が続いているなら、赤字で資産を目減りさせることがないよう早めに決断すれば、経営者は再度事業を始めるための資金や老後資金を手にする可能性も秘めています。「可能性も秘めている」という書き方をしたのは、個別に計算をしなければ、十分な手元資金が残るかどうかは分からないからです。もちろん、経営という重荷を下ろし、資金繰りの苦労からも解放されるでしょう。経営不振だったのであれば、その辛さは相当なものに違いありません。

実は今、倒産ではなく、廃業が増えてきています。東京商工リサーチのデータによれば、2013年の休廃業・解散件数は3万4800件だったものが、2020年には4万9698件と大幅に増えています。2020年は7773件と小幅ではありますが減少していますが、そのなかで倒産件数は2013年が1万855件であるのに対して、2020年は7773件と小幅ではありますが減少しています。

企業は資金繰りが行き詰まると倒産になりますから、何とか工面しようと融資に頼ります。特に2020年から2021年にかけては新型コロナウイルス感染症拡大の影響で、融資が受けやすくなりました。そこで、取りあえず融資でつなぎ、半年から1年様子を見て、それでもうまくいきそうにない、経済も上向きになっていないことから、このまま続けたら倒産だろうなと判断して、倒産する前に廃業しようということなのだと思います。

もちろん、経営者が高齢となり、先行きが見えない経済状態の中で、後継者も見つからず、誰かに苦労を押し付けるくらいなら廃業しようと決断することもあるかもしれません。子どもがいても、経済の先行きを考えて、あえて継がせないという決断もあるでしょう。企業が衰退期に入っている場合、業績が今後伸びる可能性は低いと判断して、「継がない・継がせない」という選択肢はあってもいいと思います。それもまた、正しい経営判断だと思います。経営者の高齢化という点から見れば、70歳代となった経営者が、「10年前のリーマンショックのときは頑張れたけど、もう自分も年だな。乗り切る気力がない」と感じるのも、もっともだと思います。

人が集まらないと成り立たない事業を行っている企業があり、コロナ禍で1年以上も売上が上がりませんでした。経営者は60歳代後半です。この企業には経営者の息子さんも入っており、いずれ後を継ぐ予定でした。少数精鋭で生産性の高い仕事をされていたのですが、売上は少なくても固定費だけが出ていきます。過去の蓄えがあるため、今は何とかなっていますが、できれば今のうちに売却できる部分は売却して、廃業したいというのが経営者の希望でした。売却の条件をうかがったら、「従業員の待遇だけは譲れない」とおっしゃるのです。その条件を飲んでもらえないのなら、廃業がいいとおっしゃいます。「従業員があっての今です。うちの従業員は、どんな大手企業の人にも負けない働きをしますので」と。ご子息は継がないのかを聞いたところ、「この規模で、息子の代まで続けていくのは難しいと思います。ですから継がせません」とのことでした。企業の未来を考えればこそ、「継がない・継がせない」という選択肢は実際にあるのです。

このように、今ではM&A（企業の合併・買収）が無理なら廃業を選択する経営者が増えています。廃業は決して経営者にとって不都合な決断ではありません。むしろ、「倒産させることなく、廃業することができた。誰にも迷惑をかけなかった」と胸を張れる出口なのではないかなと思います。

できる企業、できない企業

具体的に廃業ができるのは、まず、決算書で純資産がプラスになっている企業か、マイナスでも資産を時価で評価したときにプラスになっている企業です。しかし、それだけでは廃業はできません。なぜなら、廃業にはそれなりの費用がかかるからです。

廃業はまず、株主総会で会社の解散と清算人の選任を提案して、3分の2以上の賛成をもって決議することから始まります。その後、さまざまな法的な手続きをはじめ、事業を清算するうえで多くのステップを踏んでいくことになります。

気を付けることとして、それぞれの段階にかかってくる手続き費用、リース解約や不動産契約解除などの費用、設備の処分費用、従業員への割増退職金、場合によっては解雇予告手当、清算のための専門家などへの支払いなどは、かなり多額であることです（図3-1）。特に退職金は、通常なら退職があるごとに出て行くのですが、廃業となれば一気に全員分が必要となります。これらの資金をキャッシュで用意しなければなりません。言い方を変えれば、廃業にかかる資金が用意できる企業でなければ廃業はできないということです。

また、事務所を借りていれば、その家賃や水道光熱費なども必要です。残った従業員へ支払う給料や固定費はかかってくるため、廃業までの時間が長引けば長引くほど、資金は減っていきます。ところが、廃業を目指しているため、新しい受注はしていません。入ってくるお金がないのに、出ていくお金はあるという状態になるのです。資金がなければ、銀行から借りることになりますが、「廃業するので、お金を貸してください」と頼んで、

図3-1 撤退完了までの時間と費用（撤退計画を左右する要因）

★特に注意を要する項目

時間＝やること	備考
現状分析	赤字要因の特定（商品別・店舗別）
★計画立案	閉鎖・資産売却・返済計画検討
経営意思統一	株主・経営者で計画を承認
★従業員告知	従業員の協力を得る説明と仕組み作り
★資金調達	廃業資金を銀行から調達
仕入停止	取引先に通知
資産処分	不動産・機械設備・在庫等を処分
清算株式会社化	株主総会特別決議で清算会社へ移行
債権公告	最低2カ月の債権申出期間が義務
残余財産分配	株主への配当
清算結了	清算結了の登記

※ 通常2年程度の期間を要する

費用	備考
★赤字資金	例：販管費×○カ月分 等
退職金等	退職金規定による。場合によっては割増
専門家費用	税理士・司法書士 等
資産除去費用	機械処分・土壌汚染除去費 等
契約解除費用	賃貸借契約・取引契約等による

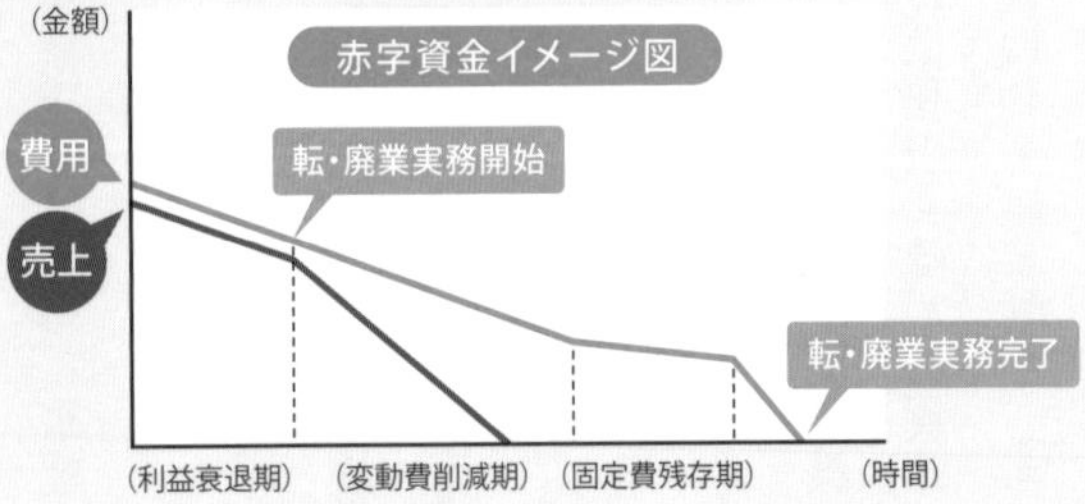

果たして易々と貸してくれるでしょうか?

そこで頭に置いて欲しいのが、先に述べたファンドです。ファンドであれば、廃業のための清算をする前に株式を全て買い取りますから、この時点で経営者には清算金が渡ります。ファンドそのものには資金がありますから、廃業にかかる資金をキャッシュで用意することは難しくないのです。しかも、廃業という作業や手続きに慣れていますから、短期間で廃業までこぎつけることができます。このように、損益計算書がマイナスでも、貸借対照表がプラスとなっている企業で、自力で廃業するだけのキャッシュを持っていない場合、積極的にファンドを利用することをお勧めします。

メリットとデメリット

業績不振の会社や明るい将来が見えてこない会社にとって廃業のメリットは、何といっても、経営者が経営の負担から解放されることにあります。仕入れの資金繰りや、取引先への支払い、融資返済のやり繰りなどから解放されると同時に、新規顧客開拓や在庫販売など運営面の重圧からも解放されます。逆にデメリットはと問われると、きちんと準備をして廃業しさえすればデメリットはほとんどないのではないでしょうか。強いてあげれば、これまで関わってきた仕事がなくなる、社会的な関わりや「経営者」という身分がなくなるといった心理的な問題でしょう。

人は「体面や世間体をまったく気にしないでいられる」と言うとうそになります。地元で「あそこのご主人は社長さんなんですって」と言われていたのに、廃業した後で風評が立ち、一転して周囲から「会社が駄目になったみたいよ」と噂《うわさ》されるのは耐えがたいと思うかもしれません。しかしそれは、本人の気持ち次第です。リタイアと割り切ってしまえば、経営の負担を背負っているよりははるかに楽だと思います。

2014年版『中小企業白書』の「中小企業者・小規模企業者の廃業に関するアンケート調査」に書かれている「廃業に際しての相談相手」の調査結果を見ると、廃業に際して誰に相談したかが分かります。この調査では741人が回答しており、圧倒的に多いのは「家族・親戚」で48・1%、次に多いのは「誰にも相談していない」で28・7%です。数こそ少ないものの、「公認会計士・税理士」が6・8%、「従業員」が3・3%、「仕入先」と「商工会議所・商工会」がそれぞれ2・2%と続き、「販売先」が1・9%、「同業者・同業組合」が1・3%、「役員」とその他がそれぞれ1・1%と続きます。また、廃業について誰にも相談しなかったという元経営者にその理由を聞くと、「相談しても解決するとは思えなかった」と「相談しなくても何とかできると思った」「企業のことは誰にも相談しないと決めていた」の3つで約8割を占めています。これは、それだけ経営という仕事が、孤独で責任のあるものだということを物語っています。もしも、廃業のプロに頼んで、上手に廃業をすることができたなら、どんなに楽になることでしょう。

もちろん、収入がなくなるのですから、廃業を考えるときは、手元に入ってきた一時金を運用して利益を出すなど、その後の生活も考えなければなりません。頼んだ先が廃業のプロで、なおかつ資産運用のプロであれば、経営者にとって廃業は何のデメリットもない出口ということになります。

経営者の心配事

2014年版『中小企業白書』には、廃業時に直面した課題も掲載されています。445人の元経営者が複数回答で答えた中で、「取引先との関係の清算」が課題だったと答えたのは40・7%、続いて「事業資産の売却」が21・3%、「従業員の雇用先の確保」

が16・4％、「債務整理」が16・2％、「独自技術の承継」が13・9％、「個人保証の問題」が10・8％、「連帯保証の問題」をあげたのが5・8％、そして「地域経済への影響の軽減」が5・2％、その他が37・5％でした。

また、「廃業を決断するときに心配したこと」という項目では541人が回答しており、「顧客や販売・受注先への影響」が44・0％、「家族への影響」が43・4％と突出して多く、次が「経営者個人の失業」で30・5％、「経営者の個人財産の喪失」が20・2％、「従業員の失業」は19・8％、「金融機関への影響」が6・4％、「連帯保証人への影響」は3・9％、「債権者への影響（金融機関を除く）」が3・1％、「出資者・株主への影響」が0・6％、その他が19・5％となっており、少なからず経営者家族の生活を心配していたことがうかがえます。

なかには、廃業させる企業でご子息が働いている場合、その行く末を心配される経営者もいらっしゃいます。「私はもうリタイアの年だから何の心配もありません。しかし息子はもう50歳を過ぎていますし、これといったスペシャリティもありません。中途入社で他に再就職するのは無理でしょう。今、家業をなくしてしまって、息子はやっていけるでしょうか」と心配している方もいらっしゃいます。「息子が他に就職となると、給料がかなり減ってしまいます。多分、それではやっていけないと思います」という嘆きも聞きました。しかし、倒産してしまったら、低賃金どころか全てを失ってしまうのです。廃業してまとまったお金が手にできれば、ご子息にも再出発のチャンスがあります。

この調査では、元経営者が「廃業を回避できる可能性のあった取組」に対しても振返っています。直接、廃業の課題とは関係ないものの、廃業の決断に役立つかもしれませんので記しておきます。回答したのは444人。一番多かったのが「どのような取組をしても、廃業は避けられなかった」で40・3%と圧倒的です。つまり、腹をくくっての廃業だったと思われます。さらには、「早期の事業承継への取組」が9・2%、「新事業への取組」が4・5%、「販路拡大への取組」が4・1%、「経営計画の定期的な見直し」と「定期的な専門家への相談」がそれぞれ2・0%、「マーケティング調査」と「企業内部管理の徹底」がそれぞれ1・6%、「取引先の税務状況の把握」が1・4%、「設備投資の見直し」と「早期の債務整理への取組」がそれぞれ1・1%、「突発的な事故や災害に備えた保険加入」が0・7%でした。

これらを総合すると、専門家に相談して任せることによって、ひとりで悩む辛さから解放されると同時に、廃業時に直面する課題や心配事がクリアされるのではないかと思います。また、専門家の目から見て廃業を回避できる可能性があった場合、事業を縮小してM&Aに出してもらうなどの選択肢も出てくるのではないでしょうか。

「幸せな廃業」で解決する

廃業には、経営者が経営権を持ったまま廃業作業を進める方法と、ファンドに売却して、経営権をファンドに移転してから廃業する方法があります。ここでいうファンドとは、企業価値向上を図るファンドとは質を異にしたもので、事業を縮小して承継できれば他社に承継し、そうでない場合は不動産など売れるものを他企業に移転したうえで廃業するという、あまり例のないファンドです。この場合、「あそこの会社だったら、この企業のお客さんが欲しいに違いない」「きっとまだ使えるこの設備を欲しがるに違いない」などと切り分けていくため、売却されたものは他企業で再利用されますし、再就職した従業員はスキルを生かすことができますから、これまでのイメージと異なり「幸せな廃業＝前向きな計画廃業」と言えるものです。

ファンドによって前向き廃業を行う場合は、まず前提として、その企業が廃業できるかどうかを調査します。廃業できるのは、債務超過に陥っておらず、廃業にかかる費用が払える企業です。次に、ファンドが株式を100%買い取ることが条件になります。そのうえで、経営者の条件や希望などをうかがい、意向を尊重して作業を進めることになるのです。

ただ、私どもでは前向き廃業を行うため、引き受けた後、すぐに廃業を目指すのではなく、なるべく縮小することなく事業を継続できるように、そのままの形でM&Aに出し、承継する努力をします。6カ月ほど努力をしても継続できそうになければ、部分的に縮小してM&Aを検討します。それでも買い手が付かなければ、売却できるものは引き渡して、従業員には再就職支援を用意し、廃業に移行します。

この「そのままM&A→縮小してM&A→売却できるものは売却して廃業」というシナリオに合意していただければ、実際にファンドで株式を買い取り、最良の出口探しに移っていきます。この段階で経営者は清算が終了し、現金が手に入ります。

もしファンドを使わなければ、実際に不動産がいくらで売れるか分かりませんし、焦って売ると足下を見て買い叩かれることもあるでしょう。途中で思いもよらないことが起こり、清算金が目減りすることも考えられます。会社の清算が完了するまで、手元にいくら残るか分かりませんから、その間、先の生活が見えずに不安にもなります。

その点、ファンドを通す場合は、合意した段階でいくら手元に残るのかが確定しますし、すぐに現金を手にすることができます。廃業する前に、ファンドに会社を渡しているため、会社がなくなるという精神的なハードルも低くなるはずです。もし、事業の一部や屋号、ブランド名が残っていれば、うれしいことではないでしょうか。

他社に頼らず、自分たちで廃業した方が安くできると考えるかもしれません。しかし、廃業は通常業務をこなしながら片手間でやれるようなものではありません。専門知識が必要なだけではなく、時間もかかるし、費用もかかります。取引先を説得するのも、従業員を説得するのも、相手にとって不愉快な話なので、気分がいいものではありません。何を言われても頭を下げ続けて、謝り続けなければならないのです。そのためには強い精神力も必要となるでしょう。

ある工場をファンドで買い取って前向き廃業を実行しているとき、工場内から電気関係のPCB（ポリ塩化ビフェニル）が出てきました。PCBは環境安全の観点から1972年に製造や使用が禁止されて以降、勝手に処理することができません。2001年に「ポリ塩化ビフェニル廃棄物の適正な処理の推進に関する特別措置法（PCB特別措置法）」

が制定され、国が中心となって拠点的な処理施設を造り、そこでしか処理できなくなったのです。その施設は、全国に5カ所しかありません。日本中からPCBが集まりますから、当然、順番待ちが生じます。この事例では約1年も待たされました。

ということは、その間、会社を清算できず、しかも仮置き場を借りておかなければならないのです。仮置き場の費用も、処理代も必要になります。廃業を決めたときには、予想もしなかった出費です。しかし、元経営者はファンドに株式を売却して、経営から離れているため、このように予想もしなかった出費が出ても関係ありません。このような事例は多くあります。煩《わずら》わしいことに関わらずに済むことは、ファンドを使って前向き廃業をする最大のメリットでしょう。

工場を持っている場合は、廃業に際して土壌調査も行います。そこで土壌汚染が見つかることもあります。その場合、きちんと処理しなければ土地を売却することができず、時間も費用もかかってしまいます。工場跡地の土壌汚染については、ガスの製造工場跡地を豊洲新市場にしようと調査したところ、土壌汚染が見つかりニュースになったことも記憶に新しいところでしょう。工場跡地では、ままあることです。

リースを解約するのに違約金を請求され、交渉に多くの時間をとられることもあります。不動産賃貸の解約では、敷金が返ってくるのかこないのかで、金銭的には大きく異なってきます。このような場合、ファンドに株式を売却していれば、交渉は全てファンドの専門家が行ってくれます。

経営者が廃業を決意しても、役員が納得しないというケースもあれば、その逆のケースもあります。一例をあげましょう。役員が全員親族という企業がありました。少子化によって思うような業績があげられず、これからも改善しそうにないということで、老齢の役員は廃業を希望していました。彼らは連帯保証人にもなっていたため、早めに廃業をして、残りの人生をのんびりと過ごしたかったのです。ところが、親から経営を引き継いだ若い社長は、何とかして存続させたいと切望していました。自分が家業を駄目にしたとは思いたくなかったのでしょう。

このように親族間で意見が分かれた場合、自分たちで調整するのは大変です。話し合ったところでお互い嫌な思いしか残りませんし、生涯にわたってしこりを残すことにもなりかねません。ところが、ファンドが入れば、お互い、嫌な思いをすることなく進めることもできるでしょう。

このケースの場合、客観的に見て「きちんとした経営ができている」とは言いがたい状態でした。私どもに相談にいらした時点で、今のうちに廃業した方がいいと勧めたほどです。しかし、社長の意思を無視して無理やり廃業させるわけにはいきません。私どもは社長にとっても、他の役員にとっても、最善の策を模索しました。その結果、まず、辞めたい役員からは辞表を受け取り、経営のプロを送り込んで、社長とともに再建を図ったのです。

1年弱続けましたが、残った役員がバラバラの状態は続いていたので従業員が付いてきませんでした。「こうすればうまくいきますよ」と新たな方針を提示しても、協力態勢にないので実行に移せません。その状況を見た社長は、「やはり廃業するしか道はありませんね」と諦《あきら》めたのです。

このように、前向き廃業を支援するファンドは、「必ず廃業」と決めて請け負うわけではなく、いくつもの選択肢を経営者に提示して、一緒に進め、選んでいくという方法をとります。

廃業するためには一般的な企業以上のお金を準備しておかなければならない業種もあります。例えば、学校や自動車教習所など、生徒がいる業種です（図3-2）。これらでは、生徒からまとまった入学金や授業料を受け取ると、その後の入金はあまりありません。し

図3-2　廃業までに必要な資金の例

一般企業の場合

【前提】
売　　上：2.5億円　　借 入 金：4000万円（金利1.5%）
経常利益：2000万円　　リース残：1000万円
販売管理費：4500万円　　従 業 員：10名
内人件費：2500万円
※事業停止まで6カ月

※人件費3カ月分の持出
※3カ月分の持出

単位：円

廃業までの赤字資金	人件費	給与（法定福利費等含む）	6,250,000
	販売管理費		5,000,000
	借入金金利		300,000
バランスシートに出ていない債務		退職金	30,000,000
		再就職支援費	6,000,000
		リース残	10,000,000
	清算費用(登記・決算等)	司法書士・税理士他	1,000,000
	合計		**58,550,000**

学校系企業の場合

【前提】
売　　上：5億円　　借 入 金：5億円（金利2%）
経常利益：2000万円　　リース残：1000万円
販売管理費：4.5億円　　従 業 員：30名
内人件費：3億円
※生徒卒業まで12カ月

※人件費12カ月分の持出
※12カ月分の持出

単位：円

廃業までの赤字資金	人件費	給与（法定福利費等含む）	300,000,000
	販売管理費		150,000,000
	借入金金利		10,000,000
バランスシートに出ていない債務		退職金	90,000,000
		再就職支援費	18,000,000
		リース残	10,000,000
	清算費用(登記・決算等)	司法書士・税理士他	1,000,000
	合計		**579,000,000**

かし、入学してきた生徒を卒業させるまでは廃業できないのです。ということは、その間、先生や指導員に給料を払い続けなければなりませんし、その他の固定費もかかってきます。入金がないのに、費用がかかる。出ていく一方です。ただでさえ資金繰りが悪くなって廃業を検討しているのであれば、これは重荷に他ならないでしょう。

特殊な事業ではなくても、廃業を目指すなら、どこかで新規受注を止めることになります。しかし、すでに受注している分は納めなければなりませんので、従業員が必要です。そうなれば、新規受注の収入はないのに、残った従業員には給料を払わなくてはいけません。従業員を20名、または30名残せば、給料は毎月結構な額になります。その資金繰りが大変です。

それらを考え合わせれば、やはりファンドに引き取ってもらい、専門家の手で廃業を進めてもらった方が、廃業途中で資金がショートする心配はなくなるでしょう。

トラブルは付きもの

ここで、私どもが経験した、廃業にまつわるトラブルをいくつか紹介します。

業界の組合で共同出資している貯水設備があり、その引き取り手がないために、なかなか廃業できなかったケースがありました。廃業するためには、資産や特許などの全てを他に移転して、会社の中を空にしておく必要があります。名目上の持ちものといえども、空にならなければ法的に廃業ができないのです。このケースでは、名義があっても固定資産税がかかるとか、別途費用がかかるようなものではありませんでした。しかし、池のような貯水施設です。万が一、子どもが事故にあえば、名義人が管理責任を問われます。マイナスでしかないのです。そのため、誰も名義を引き取ってくれませんでした。結局、会社の中を空にするため、元社長の名義に変えました。

処分できない不動産を所有していることもありました。古い企業ですと、帳簿に「いつ、どういう経緯で会社のものになったんだろう?」という取得経緯が不明な不動産があったりします。借金の代物弁済として引き取ったのか、何かに付いてきたのか、まったく分かりませんが、それでも処分する必要があります。謄本《とうほん》はあるけれども場所が特定できない不動産や、そこに行く道がない不動産を所有していたこともありました。そのときは、M&Aでその不動産もまるごと引き取っていただきました。場所も分からない北海道の山奥に土地を所有していたこともあります。この場合は、地方自治体に寄付することで決着させました。

法務局のミスで、登記簿と実際の現物が違っていたということもありました。なぜか地番が正式なものと間違えたもののふたつが登記されていたのです。明らかに法務局のミスなのですが、こちらから指摘しなければ修正してもらえません。しかも、修正するためにさまざまな書類を揃えなければなりませんでしたし、時間もかかりました。

どうもおかしいなと思って調べたら、社内で密かに不正が行われていたということもありました。そうなると、M＆Aの場合でも、廃業の場合でも、前提となる数字が違ってしまい、M＆Aや廃業ができないという結果になることもあるのです。

労働組合がある場合も合意形成プロセスが複雑なケースがあります。基本的に組合の中心となっている従業員の方たちは、ある程度労働法を知っている専門家です。法律の素人では太刀打ちできません。ですから弁護士に依頼して団体交渉に臨むことになるのですが、弁護士にも労働者側に立つ人と経営者側に立つ人がいます。慌《あわ》てて弁護士を頼んでも、こちら側が思っている通りの考えを持っているかどうかは分かりません。特に、従業員と経営者の間に根深い対立があると、非常に難しいことになります。少しずつ解きほぐしていかなければ前には進みません。やはり、日頃からの信頼関係が重要ということになります。

前向き廃業を行うファンドという仕事をしていて、つくづく思うのは、「会社は生き物だ」ということです。日々何かが起こり、傷ついたり、成長したり、まるで生きているように変化していきます。その過程で、さまざまなトラブルを抱え、当事者でさえ予測していないような傷痕を残していることもあります。大なり小なり、トラブルがない企業などありません。そのため、廃業ではこのように予期せぬトラブルが付きものです。専門知識がない経営者が対応することは非常に困難だといえるでしょう。

「幸せな廃業」なら他の道も

ところで、前向き廃業を利用すれば、本社ビルや工場など、不動産を持っている企業の場合には、M&Aや廃業だけではなく、これまでの本業とは別の方向で生き延びる可能性もあります。特に大都市では、不動産の利用価値も高くなります。本業は業界自体が衰退していて将来性がないという場合、いっそのこと本業は諦めて、持っている不動産を貸せばいいのではという発想の転換です。つまり、不動産賃貸業に転業してしまうのです。

素材メーカーが転業して化学メーカーになるのとは異なり、不動産賃貸業はビジネスモデルがシンプルで、賃貸物件を購入すれば明日からでも転業できますし、収入につながります。実際に、本業は赤字でも、不動産賃貸業が黒字のために倒産を免れているという企業も少なくありません。私どもは、企業の状況を見て、そのような転業で生きる道があるのなら、そのお手伝いもしています。

私どもがなぜこのようにいろいろできるかといえば、私どもがもともとは資産の運用や管理、承継を支援している会社だったからです。そのため、M&Aの仕組みを活用した「不動産M&A」も行っています。不動産M&Aとは、不動産の取得を目的にしたM&Aです。一般的な不動産売買では、不動産という現物を売り買いします。ところが、不動産M&Aでは、不動産を所有している企業を買い取ることで、不動産を手に入れるのです。そうすることで、登記変更や不動産取得コストを削減できます。

さらに、一般的なM&Aも行っていますし、M&A仲介会社にネットワークも持っています。これまで記してきたように、ファンドもあります。

これら全てを生かして、対象となっている企業を転業させるのか、M&Aに出すのか、事業を縮小してM&Aを含み承継者を探すのか、あるいは廃業にするのか、多くの手札から最善の方法をアドバイスすることができます。

経営者にとっては、「これしかできません」と決めつけられるより、選択肢は多い方がいいでしょう。それによって予想もしなかった将来が見えてくるかもしれません。いずれにしても、多くの選択肢の中から選びたいと思ったら、早めに、前向き廃業を行えるよう、多角的なノウハウ、知識、経験を持ったコンサルタントに相談することが必須です。

第二の人生を考える

廃業とは自らの意思で負債を清算し、経営をやめることです。何度も記しているように、廃業できるのは、債務超過に陥っておらず、なおかつ廃業にかかる費用が払える企業に限られます。

廃業を考えるには、まず何をおいても債権債務を含めた会社の財務状況を把握する必要があります。なぜなら、何度も記すようですが、財務状況によって廃業できるかできないかが決まるからです。従業員の給料や割増退職金の合計、リース解約の費用など、廃業までに必要となりそうな費用も洗い出しておくといいでしょう。そのうえで前向き廃業を選択したいと思ったら、コンサルタントに相談されると良いと思います。そうすれば、ここから先は専門家の仕事となります。

ただ、経営者自身がやっておかなければならない大切なことがもうひとつあります。それは、その後のご自身の生き方を考えておくことです。中小企業の場合、経営者の多くは仕事一筋で、これまでの人生を全て会社に捧げてきた方が多いでしょう。その場合、急に仕事がなくなると、何をすればいいのか分からなくなる方も多いのです。最初の数カ月はのんびり過ごしたとしても、仕事を通じての社会的な関わりがなくなるため、手持ち無沙汰になってしまいます。ですから、廃業するまでに、第二の人生をどう生きたいのか、何をしたいのかを明確にしておくといいと思います。

上手に第二の人生を歩み始めた例を紹介します。極めてアナログな仕事をしていた60歳代の経営者は、会社を売却し、手にしたお金でベンチャー企業の集まるエリアにオフィスを借りました。ここで、若い経営者たちと交流をして、eスポーツ関連の仕事を始めました。もともと、「第二の人生は、自分の経験を生かして、若い経営者にアドバイスをしたい」と話していた方です。きっと、その中で盛り上がって、eスポーツの仕事を始めたのでしょう。日々、輝いて生きていらっしゃいます。

また、これまで近所の方がスポーツクラブで汗を流しているのを、うらやましく眺めていたという経営者がいらっしゃいました。「自分もスポーツクラブに通って、身体を鍛えながら、仕事とは無縁の友人を作りたい」「100%仕事から離れられる時間と友人が欲しい」と思っていたそうです。自分の会社を廃業し、まとまったお金を手に入れて、生活の心配もなくなり、彼は会員制のスポーツクラブに入会しました。今では、そのスポーツクラブの常連たちとゴルフにも行っているそうです。現役時代に憧れていたことを見事に実現なさいました。

その一方で、特にやりたいことが見つからず、家にいても家事をするわけでもないので時間を持てあましているという話もよく耳にします。「庭に花を植えて、のんびり過ごそうと思っていたけど、そこにやり甲斐を見いだせない」とおっしゃっていた方もいました。「孫と遊びながらのんびり過ごそうと思っていたけど、孫と遊ぶには体力が必要だし、孫もそんなには寄ってこない」と嘆く方もいらっしゃいます。そう考えると、リタイア後に生き生きと過ごせるかどうかは、それまでに本当に自らがやりたいことを見つけておくことに尽きるように思います。

廃業後の生活コスト

当たり前のことですが、廃業すれば収入はなくなります。廃業時に手にする一時金や貯蓄、年金で残る人生を楽しまなければなりません。2014年版『中小企業白書』の「中小企業者・小規模企業者の廃業に関するアンケート調査」において「廃業を決断するときに心配したこと」では、43・4％の方が「家族への影響」と答え、30・5％の方が「経営者個人の失業」と答えたことからも、生活資金に対する不安の切実さがうかがえます。

では、収入の確保には、どのような方法があるでしょうか。それは、年金と資産運用による収入を考えるということになります。もちろん、その方の生活レベルによって、必要となる金額は大きく異なってきます。しかし、基本的に中小企業の社長ともなれば、それなりの水準で暮らしてきたはずです。それを維持しようとすれば、それなりの収入が必要でしょう。人はこれまで長く馴染《なじ》んできた生活レベルを、何かがあったからといって極端に下げることはできません。

廃業時にいくら手元に入ってくれれば、運用益で生活することができるのでしょうか。

2018年に資産運用のお手伝いをしているお客様に、いくらの年収が欲しいかというアンケートをとったことがあります。それによると、一番多かったのは、年収800万円ほどでした。ですから、それを基本に考えてみましょう。例えば資産を5％で運用できたとすれば、2億円で毎年1000万円の運用益を手にすることができます。1000万円あれば、ご夫婦ふたりでも暮らしていくことができるのではないでしょうか。ただし、その後、残念ながら運用益を手にしていた方が亡くなられた場合、相当額の相続税をとられてしまいます。そのため、相続税を支払って、なお、残された方が安心して生活できていけるように考えておくべきです。

言い換えれば、廃業で清算金を手にする場合、その金額が2億円を超えており、5％で運用することができれば生活していけるということです。

日本政策金融公庫が作成した「経営者の事情を理由とする廃業の実態と必要な支援策」というレポートの中に、「生計の余裕の有無」を調査したデータ（2019年）があります。これによれば、「かなり余裕がある」は5・4％で「やや余裕がある」は21・2％となり、合わせると余裕のある暮らしが実現できている元経営者は26・6％になっていることが分かります。逆に、「どちらともいえない」は33・2％、「あまり余裕がない」の24・4％と「まったく余裕がない」の15・8％を合わせた「余裕がない」元経営者は40・2％です。

余裕のある暮らしをするためにも、残したお金はしっかりと運用したいものです。その点、私どもはもともと資産運用のお手伝いをする会社ですから、M&Aや廃業のみならず、その後の資産運用までワンストップで行うことができます。さらにその先を考えると、多額のお金を手にしていますから、相続対策も必要になっていきます。そういう意味では、会社を手放した後までコンサルティングができる専門家は、強い味方なのではないでしょうか。

ただ、いくら億単位の一時金を手にしても、実際に毎月の収入が途絶えるとなれば、人は少なからず不安になるものです。なかには、そのお金を元手に株式を引き受け、別会社の顧問になって、経営アドバイスをすることで生活の糧を手にしている方もいらっしゃいます。

私どもの場合、個別にコンサルタントが今後の生活をシミュレーションして、「どれくらいの生活規模なら何年ぐらいはこのまま何もしなくても、このレベルの生活が続けられます。ただ、このレベルをその後も維持したければ、少なくとも年間いくらの収入が必要ですから、そのためにはこのような方法があります」と手札を並べて提示します。なぜ個別に行うかといえば、人によって生活レベルには差がありますし、家族構成でも差が出るからです。これからまだ教育費が必要な家庭と、老夫婦ふたりが年金を受け取りながらのんびりと暮らすのとでは、大きな違いがあります。

「廃業は成功だ！」

ここまで記してきたように、廃業は決して負けではありません。廃業時に手にした一時金を運用すれば、第二の人生も有意義に過ごせるからです。従業員を心配する経営者は多いのですが、前向き廃業を行うファンドやコンサルタントでは、再就職支援プログラムも完備しています。それを利用すれば、スキルを生かし、給料もそれなりにもらえる企業に再就職することが可能です。これまで心血を注いできた企業は、ブランド名が残ったり、資産が他の企業に活用されたりして受け継がれていくことでしょう。廃業する企業から何かを買い取った企業でも、ゼロから同じものを造り上げるより、今あるものを利用した方がいいはずです。

むしろ、倒産する前に廃業を選んだということは、「先見の明があった」「正しい経営判断だった」と言えるのではないでしょうか。廃業を「経営に失敗した」と捉えるのではなく、プラスと捉え、胸を張って廃業を選択肢に入れて欲しいものです。

本書ではここから先、実際に事業を縮小してM＆Aで売却した事例、あるいは縮小をしたために後継者が現れた事例、そして幸せな廃業をした事例を紹介します。

第4章

ケーススタディに見る経営者の苦悩と実践

ケース1
事業を縮小してM&Aに成功

33歳で父親の後を継ぎ、壁紙やディスプレイ用紙を内装工事および展示会業者に販売する建築資材会社の3代目社長となったOさんは、その後、事業継続が厳しくなり、会社を青山財産ネットワークスと新生銀行が共同で運営する事業承継ファンドに売却。ファンドはOさんの会社の資産のうち非事業用資産および不稼働資産の整理により総資産額を適正規模とし、事業の資

ケース1 事業概要

事業内容	建築資材卸売業
業　歴	70年超
社　長（相談時）	52歳（3代目）
従業員	15名超（パート含む）
不動産	本社ビル（一等地）、賃貸ビル
株　主	経営者親族100%所有（先代社長も相応に所有）
売上高（相談時）	7億円
営業利益（相談時）	△0.4億円

産効率（総資産額に対する利益率）を改善した後、第三者に引き渡しました。今回、Oさんに会社を売却するに至るまで、そして売却後のお話をうかがいました。

年商38億円、利益が5000万円の理由

Oさんは約70年前から続く建築資材とディスプレイ資材の販売会社を3代目として経営していました。主な商品は壁紙です。Oさんは当時を振り返ります。

「父の後を継いだのですが、父の弟、つまり叔父が社内にいたこともあり、もともとは会社を継ぐつもりはありませんでした。ですから、大学を卒業して異業種に就職していたのです。ところが、就職して3年目に叔父は退職し、上司からの勧めもあって、いずれは継ぐことを前提に実家の建築資材会社に戻る決意をしました。建築資材の販売という仕事ははじめてですので、修業をする意味で、入社当初は一社員として支店で営業職に就いていました。ちょうどバブル経済絶頂期です。

ところが、入社4年目に、当社売上高の約2割を占めていた大口取引先が倒産してしまいました。この時の貸倒額が1億6000万円でした。普通でしたら、ここで倒産するところ

ですが、うちの場合、東京都が道路を拡張する拡張区域に土地を所有していたため、土地収用で引き渡しており、その際の売却益として現金があったのです。そのため、1億6000万円もの売掛金を回収できなくなっても、何とか乗り越えることができました。

しかし、依存度の高い取引先が倒産するということは、それだけ多く買ってくれていたお客様がひとつなくなるのです。うちの会社でいえば、当然ながら翌月から売上が3割近く減りました。それが原因で、億単位の赤字が3年続きました。

実は当時、拡大戦略で支店を増やしていたこと、従業員の給料が上がり過ぎていたことなどもあり、多額の運転資金を銀行に融資してもらっていました。そのため、銀行から出向してきた方が経理部長に就いていました。彼は当時の税理士を通じて私に『お父様が社長を降りたいとおっしゃっているので、代わって社長になってください』と言ってきたのです。まだまだ先だと思っていた私にとって、あまりにも突然のことでした。多分、父も億単位の赤字続きで覚悟を決めたのでしょう。

父は43歳で社長となり、17期務めて60歳で私に事業承継しました。身体も元気で、やる気もありましたので、私に譲るというのは無念だったと思います。3期連続赤字で打つ手がなく、銀行から出向していた経理部長に諭されたのかもしれません。私と交代せざるを得なかったのではないかと思います」

Oさんが社長に就任したのは、大口取引先の倒産から4年目、入社から8年目のことでした。

Oさんが社長を継いだ頃の従業員数は60名弱、支店は3カ所にありました。

「父のときですが、最盛期の年商は38億円ほどだったと思います。それなのに利益は5000万円くらいしかありませんでした。なぜ、そのようなことになってしまったのかといえば、内装資材の販売のみならず、大型マンションなどの内装工事まで請け負っていたのですが、この採算性が低かったためです。工賃である人件費が売上に計上されるのですが、それはほぼそのまま経費として出ていってしまいます。壁紙自体の価格は1メートルあたり160円から200円弱だったのですが、それを貼る工賃が600円から700円もします。つまり利益のとれない工賃分の売上を含めると、利益のある壁紙売上の4～6倍が売上として計上されてしまうのです。そのため、利益が実質5000万円、年商数億円という実力の企業が年商数十億円の企業に見えてしまいます。職人への工賃は現金で出ていき、ゼネコンなど元請からの売上は長期手形で入ってきますから、常に資金繰りが苦しい状態でした」

経営再建、経費3分の1に圧縮

新社長となったOさんにとって、赤字額を少しでも減らすことが急務でした。

「11月に事業承継の話をされて、その3カ月後には社長に就任していましたので、経営方針など何も考えていませんでした。赤字が増えていましたから、考えている余裕がなかったのです。経理部長からは、『経費を3分の1に圧縮しなければ、この先やっていけません』と言われていたため、最初の1カ月は読めもしない決算書とにらめっこをして、どうすれば経費を減らすことができるかを考えるだけでした。

経費を減らすために、まず、人員整理をしました。私が社長に就任した年には従業員が60名弱いましたが、まず20名に退職してもらい、最終的には25名が退職したと思います。人件費を減らすためには、給料が安い従業員を減らすだけではなかなか目標に到達しません。ですから、祖父の代からいた従業員全員に辞めてもらい、役職が上の従業員2~3名にも退職してもらいました。それと同時に支店も閉め、本社と配送センターだけを残しました。

さらに、自社ビルを賃貸物件として貸し出し、家賃収入を得る道に活路を見いだしました。当初、家賃収入は借入金の返済に充てる目的でしたが、いつの間にか、本業での赤字を埋めるために使っていました。つまり、本業が家賃収入頼りになっていったのです。まともな経営とはいえませんね。

バブル期に従業員の賃金を上げ過ぎていたこともあり、賃金カットにも着手しました。もちろん、従業員からの反発も大きかったのですが、私自身が無給で建て直しをしていたものですから、それらの要求は全て突っぱねました」

Oさんは、人事・賃金管理制度に関するコンサルティングを手がける外部組織と契約し、新たな賃金制度を導入することなどで、ここから5年かけて賃金カットを実行していきました。

「スムーズに賃金体系を変えられたかと問われれば、そうではありません。賃金が下がれば従業員のモチベーションも下がるので、賃金カットと同時に賃金体系を変更することまではできませんでした」

とはいえ、安定的に黒字を確保できる体制までにはならなかったものの、赤字を回避できるほどには、経費を圧縮させることに成功しました。

「給料が下がっても、それを乗り越えて残ってくれた従業員ですから、本来なら何かしらのプラスアルファをしてあげられたら良かったのでしょう。借金返済はかなりできていたのですがなかなか先が見通せず、何もしてあげられませんでした。今でもそれを心苦しく思っています」

最終的には、最盛期に従業員60名だった会社は20名体制のスリムな会社になり、固定費を大幅に圧縮することができました。

「もう続けられない」と悟る

先の見えないなか、会社に見切りを付けて自ら辞めていく従業員もいました。

「一番痛手だったのは、ある4名体制の部署にいた従業員が3名同時に辞めてしまったことです。そのため、事業に支障をきたしてしまいました。健康保険組合の小冊子などに業界の平均給与などが掲載されています。それを見ると、うちの会社は同業他社と比べて給料が安い。従業員が私に面と向かって文句を言ってくることはないのですが、やはり不満があるという空気は感じていました」

人員削減、支店閉鎖、賃金カットをしても、なお先が見えない本業。そこに追い打ちをかけたのが、賃貸物件の大規模修繕費でした。

「リーマンショックもあって、私にはこれ以上、販売の売上を伸ばす術《すべ》がありませんでした。つまり、家賃収入頼みだったのです。東京都の土地収用の際には現金の他に建物を含む不動産も受け取っていました。それを賃貸していたのです。しかし、代替として受け取った物件だったため、手にしたときにはすでに古く、漏水など建物・設備の劣化による問題がありました。また、屋根裏にアスベストが使われていることも判明したため、それを撤去しなければならなかったのです。これらにかかる修繕費、改修費が2000万円ではききませんでした。まるまる1年分の家賃収入が修繕費に消えるイメージです。修繕費が出ていくのみならず、工事の間は家賃収入も入ってきません。当時、本業での赤字が2000万円から3000万円でしたから、もうやっていけないと思いました。

皆さんよく『頑張ります』と言いますが、頑張るなら最初から頑張ればいい話で、その言葉に何の根拠もなければ、具体的な方策もありません。ないからこそ、『頑張ります』と言うしかないのです。当時の私がそんな状況、つまり具体的な方策が見つからないため、『頑張ります』としか言えない状況に追い込まれていたと思います。

とはいえ、何もしなかったわけではありません。メーカーに、問屋を通さない直接取引を頼んだりもしてみました。当社の競合会社だった新興の建築資材会社はメーカーと直接取引をしていたのです。しかし、私が頼んでも、『おたくとは古い付き合いだから、問屋を通して、今まで通りの仕入ルートを守って欲しい』と跳ね返されました。また、新しい建材を仕入れようとしても、仕入ルートの都合で仕入れることができませんでした」

当時、Oさんの会社の仕入先は約50社でしたが、地方にある新興の建築資材会社は100社ほどと取引をして販売を伸ばしていました。

「そのような状態でしたから、新興の建築資材会社に比べて販売商品のアイテム数が少なく、従業員からも『もっと、こんな建材を販売したい』などと言われていたのです。当時、私たちは品揃えが少なく、デザインも古いため、売上が伸びないと分析していました。メーカーから直接仕入れができないため、仕入価格が高いのも問題でした」

いずれにしても、次の一手が見つからないOさんにとって、賃貸物件の大規模修繕費は会社の存続を左右するほどの痛手でした。そんなある日の夏、取引先のひとつでもある販売代理店が、仕入先や業者を集めた5年に1度のゴルフコンペを開催しました。

「ゴルフコンペで、ある販売代理店の社長さんと1~2時間お話をする機会がありました。その話の中で、たまたま経営がうまくいっていない同業者の話になり、『3代目が亡くなって、あんな状況になるなら、俺があの会社を買ったのに』とおっしゃられたのです。帰り道、どうしてもその話が頭から離れず、最終的には、同じ建築資材を取り扱っているし、自分の会社を買ってもらえれば、将来、従業員たちも安泰なのではないだろうかと考えるようになっていました。

帰ってから調べてみると、その販売代理店は地方にあるのですが、6年前に東京に支店を出して販路拡大を図っていたのです。ところが、うまく販路を広げられず、苦戦しているようでした。だからこそ、うちの会社を買ってもらえれば、相手にとってもメリットになると思ったのです。今考えると、これが『自分ではこの会社をもう続けられない』と思った瞬間だったかもしれません。もちろんそれまでも、そのまま続けるのが厳しいことは分かっていました。しかし、これが決定的でした」

専門家なしにM&Aはない

Oさんはすぐにその販売代理店にコンタクトをとりました。

「都内で会った次期社長の娘婿に『早急に社長に会いたいから、そちらにうかがいたい』と伝えると、『会社創業の周年式典で忙しいので、ちょっと待って欲しい』と言うのです。次に東京の会合で娘婿にお会いしたときは、『間違いなく社長に伝えていますので、もう少し待ってください』と言われました」

先方から連絡がきたのは4カ月後の年末でした。

「たまたま東京で会合があるというので、羽田空港まで社長に会いに行きました。私が会社を買って欲しいと話をしたところ、非常に驚かれてはいましたが、会社の状況を見に来るなどした結果、『いいでしょう。前に進めましょう』ということになったのです」

ところが、両者共にM＆A（企業の合併・買収）ははじめての経験だったため、何からどう手を付けていいか分かりません。

「先方は『経営のここが悪かったんじゃないか。こうすれば、もっとうまくいったんじゃないか』という話ばかりをされます。私は『そんな過去のことはもうどうでもいい。この会社をとにかく買って欲しい』ということで、堂々巡りが続きました」

膠着《こうちゃく》状態が半年も続いた頃、第三者を入れなければ先に進まないと考えたOさんは、地元の商工会議所が国から委託を受けて実施している、現在の「事業承継・引継ぎ支援センター」に相談することにしました。第三者の専門家が、無料で事業承継のアドバイスをしてくれる機関です。

「事業承継・引継ぎ支援センターに行くと、『こちらでマッチングを行いますので、そこから先はお互いで話し合って詰めてください』ということでした。でも、私の場合、相手はいますから、マッチングの必要はありません。むしろ、そこから先をやって欲しいのです。仕方なく、メインバンクのM＆A部署を頼ることにしました。それまでは、借入をしているため、自分の会社を売却したいと思っていることを知られたくなくて、メインバンクを頼ることができなかったのです」

事業承継・引継ぎ支援センターやメインバンクのM＆A部署といった専門家を頼る一方で、直接、販売代理店の社長とも話し合いを続けていました。しかし、何かと言い訳を並べ立てられ、次に再会できたのは1年1カ月後のクリスマスイブでした。

「顧問の税理士を連れて会いに行ったのですが、結局、何も進展しませんでした。今、自分が社長に就任してからM＆Aで売却するまでの20年間を振り返って、一番精神的に辛かったのは、この時です。税理士さんは若くて、小さなお子様もいらっしゃいます。そんなお父さんを、子どもが楽しみにしているクリスマスイブに夜中の12時まで連れ出して、その結果、何の成果も得られなかった。それが申し訳なく、辛くて仕方ありませんでした」

この頃になると、会社の経営はかなり危険水域に差し掛かっていました。

「決算期に来期の目標などを従業員に発表するのですが、もうそれすら思い浮かばなくて。そんな悪い雰囲気は伝わるのでしょうね。同じ部屋で仕事をしていた経理部長が、私に『社長、ノートを用意されて、悩みを全部列挙されてはいかがですか？　いろいろ悩みがあるでしょうから。そして、ノートを閉じたら、取りあえず忘れて寝てください。また、次の日の朝に開いて、続きを悩めばいいですよ。そうすると、スイッチがオン・オフと切り替えられて、夜もよく眠れます。眠れるからいい考えが浮かぶし、この方法はいいらしいですよ』と言ったのを覚えています。自分では実感がないのですが、傍目《はため》にも思い詰めているように見えたのでしょうね」

実は、相手が会うのを先延ばしにしていたのには健康上の理由があったのです。

「後から知ったのですが、会えなかった間に、先方の社長は大病を患っていたのでした」

そうこうしているうちに、メインバンクのM＆A部署が動いてくれることになり、販売代理店との話し合いが再開しました。

「M＆A部署はすぐにデューデリジェンス（企業の価値査定）に必要な秘密保持契約を取り付けてくれました。当事者同士が1年以上かかって何の進展もなかったものを、彼らはたったの10日で先方から秘密保持契約を取り付けてきたのです」

デューデリジェンスとは、企業売買の際に、対象となる企業の財務内容などを調査して価値を判断することです。ですから、開示した財務内容を外に漏らされては困ります。そこで取り交わすのが、開示したことを漏らさないという秘密保持契約です。

「秘密保持契約を取り付けましたと報告を受けたとき、やはり専門家が入るとあっさり進展するんだなと、つくづく感じました。

これで、会社売却の話が進むと思った矢先です。先方から、『買うことはできない』と断られてしまいました。実は、社長は大病のために経営判断ができなくなっていたのです。そのため、社長は娘婿に交代となりました。新社長の判断で、ここまでの話がご破算になったのです」

取引先に迷惑をかけない廃業

地方の販売代理店に会社を売却するつもりだったOさんは、どうしていいか分からなくなったと言います。

「正直、廃業が頭をよぎりました。必死になって次の引受先を探して、またゼロからM&Aをするより、廃業した方が被害を受ける人は最少で済むのかなと思いました。何しろ、今、廃業しなければ、倒産してしまうと感じていたのです。廃業は茨《いばら》の道であることは理解していましたが、『会社をつぶすよりはまし』と考えていました。ただ、不動産は買い替えのために、課税の時期を延期して課税所得を小さくできる圧縮記帳制度を利用していたのですが、廃業して売却すると多額の売却益が発生し、思ったより資金が残らないことが分かりました。そんなとき、M&A部署から『今回は流れましたが、もしM&Aをご希望なら、次の売却先を私どもで探しますが、いかがでしょうか？』と連絡をいただきました。

1年間、M&Aについてのやり取りばかりをしていましたから、もう一度気持ちを切り替えて経営に専念し、踏ん張るという気力がもう私には残っていませんでした。M&Aで会社を売ろうとしていたことはメインバンクにも知れてしまいましたから、今後は借入ができないのではないかという不安もありました。ここまできたらもうM&Aしか考えられません。建築資材の中でも壁紙を売るという特殊な商売をしているうちを買うなどという企業が現れるのだろうかと思いながらも、『お願いします』と頭を下げました。

私自身が取引先倒産の煽《あお》りを受けて、急遽、社長になったのです。会社が赤字転落したのは、あのときにつかんだ1億6000万円の不渡りが始まりでした。その時の辛さ、苦しさは、何年経っても忘れることができません。私が社長をしていたときも、1件で4000万円以上の不良債権を複数回つかんでしまったことがあります。金額の大小にかかわらず、やはり精神的なダメージは大きいものです。もちろん私の頭をよぎったのは廃業ですから、不渡りを出すわけではありません。しかし、取引先の中には、私の会社だけから資材を仕入れているところもあります。私たちが廃業すれば、彼らはどこから仕入れればいいのか。そう考えると、廃業することは何としても避けなければと思いました。まして、金銭的にも迷惑をかける倒産など、もっての外《ほか》です。

私は会社をつぶした元社長を何人か知っています。彼らは案外悪びれることもなく、『うちが倒産して迷惑はかけたけど、他の会社まで連鎖倒産しなくて良かった』『自分はやるべきことはやった。それでも会社は倒産した』などと話します。でも、私にはそれが自分勝手と思えて許せないのです。どんなことがあっても加害者にはなりたくないと思いました。

廃業の覚悟はしていましたが、『絶対に倒産はさせない』。その思いから、新たなM&A

に取り組むことにしたのです。

予想に反して、すぐに次の買い手が名乗りをあげてきました。しかし、デューデリジェンスに進んだものの、先方の会社資料の読み込みが浅く、話の途中からどんどん条件が変わっていったのです。デューデリジェンスの段階で、きちんと資料を渡していたにもかかわらず、彼らは不動産の税に関する重要項目を見落としていたのです。そんな彼らに売却すれば、会社は廃業より悲惨な目に合うだろうと考え、お断りしました」

そして、次に買い手として名乗りをあげてきたのが、青山財産ネットワークスと共同で事業承継ファンドを運営している新生銀行だったのです。

不採算事業から撤退、残りをM&Aに

Oさんの建築資材会社を苦しめていたのは、ディスプレイ事業でした。実は、建築資材の卸や前述のマンションの内装工事だけではなく、展示会場の装飾壁紙も取り扱っていました。そのため、会場のボードに貼るために1メートル四方の大きな色紙のような壁紙を、在庫として大量に抱えていたのです。

「ディスプレイ用の壁紙は、在庫として1億円以上ありました。しかし、これはボードに貼ってはじめて製品になるものです。貼る前の紙は、そのままではただの産業廃棄物でしかありません。建築資材として壁に貼るには小さく、一般の方が使うには大きい特殊な紙ですから誰も引き受けてはくれないのです。廃業するにしても、売却するにしても、この装飾壁紙は大きな荷物になっていました。廃棄するには莫大な費用が必要でしたから、正直、この紙と心中する覚悟でいたほどです。青山財産ネットワークスと新生銀行の事業承継ファンドはそれを承知で、全ての株式を引き受けてくれました。後で聞いたところによると、それらの装飾壁紙は不要になったものを処分する会社に引き渡し、ディスプレイ事業からは撤退し、建築資材部門だけを残して、次の会社に引き継いでもらったそうです。

私が当初、地方の販売代理店に会社を売却しようとしていたのは、彼らがディスプレイ事業も行っていたからです。あの会社なら、1億円以上ある在庫が生きると思いました。不採算部門であるディスプレイ事業のみを閉じて、残った事業を売却するなど、発想すらできませんでした。多分、ディスプレイ事業も含めてM&A先を探していたなら、いつまで待っても買い手が現れず、結局は廃業に至っていたと思います」

Oさんの会社のM&Aでは、青山財産ネットワークスと新生銀行の事業承継ファンドが活用されました。前述しましたが、事業承継ファンドとは、身近に後継者がいない場合、事業承継ファンドが企業オーナーから全株式を買い取り、企業価値を高めて、第三者に売却する手法や運営体をいいます。Oさんのケースでは、Oさんが親族から株式を買い集め、全株式をファンドに売却しました。そして事業承継ファンドが数カ月かけて、ディスプレイ事業部を閉じるなど社内を整理し、改めてM&Aをするべく買い手を募ったのです。その結果、同じように建築資材を扱っており、東京進出の機会をうかがっていた企業が名乗りをあげ、M&Aは成功しました。

「25%の株式を父の妹、つまり叔母3人が相続していました。しかし、最終的には私に継がせるという公正証書が存在していたのです。そこで、弁護士立ち会いの下、公正証書を開封し、私も会社の状況を隠すことなく開示して、『このままでは会社を存続させることができません。会社を売却したいので、株式を私に売却してください』とお願いしました。何のトラブルもなく、あっさりと株式を集めることができ、事業承継ファンドの担当者を驚かせたほどです。

買い集めた株式を事業承継ファンドに売却し、書類に印鑑を押した瞬間、担当者がいる前で、思わず『これで、肩の荷が下りました』という言葉が口を衝いて出てきました。もうこれで資金繰りの心配をしなくて済むと、満面に笑みを浮かべていたと思います。もっとこみ上げてくる感慨深さがあるのかなと思っていましたが、ほっとしただけでした。

多分、私自身、精神的に限界だったのだと思います。体調もベストではありませんでした。実は、ストレスによるものなのか関節痛がひどく、寝返りも打てない状態だったのです。それでも、社長である私がM&Aを諦《あきら》めるわけにはいきません。何とか気力で頑張っていたのですが、会社を売却して3カ月後には入院してしまいました。

そもそも私はサラリーマン気質だったのだと思います。社長だった20年間、常に『何で、僕は社長になって、お金で苦労をしなければならないんだろう』と自問自答していましたから。それだけ、資金繰りが大変だったということです」

売却金と厚生年金で悠々自適

一連のM&Aを振り返って、Oさんは話します。

「地方の販売代理店と交渉をしようとして、1年以上進展せずに待たされたときは、とても長いなと気を揉みました。しかし、同じようにM&Aを経験された方々に話をうかがうと、皆さん、売却を決意してから締結するまで2年はかかっているようです。多分、ぎりぎりまで頑張って経営をして売却、となると早く何とかしたくて焦ると思います。経験者のアドバイスとしては、M&Aは時間がかかるので、ゆとりを持って準備をした方がいいということです。一方で判断を後回しにしたばかりに売却が遅くなれば、会社の経営状態が悪化するリスクもあり、それだけ株式の売却益も少なくなるでしょう」

会社を売却すれば、元経営者の手元には売却金が入ります。元経営者は会社を手放すわけですから、元の会社からの給与は当然途絶えます。元経営者によっては、売却金を運用して利益を得る工夫をしている方もいます。いずれにしても、そこから先の人生設計をしっかりと考えておきたいものです。会社売却後の生活資金に困らないよう、青山財産ネットワークスではご要望に応じてご相談に乗っています。

「私の場合、これから生活していくのに十分な売却金を手にすることができました。会社員だった時期もありますので、厚生年金も入ってきます。貯蓄もしていましたし、自宅は持ち家です。ですから、老後の生活は心配していません。今は、読みたいだけ本を読んで、勉強をして、スポーツをして過ごしています。

それなりのポジションを用意するので仕事を手伝って欲しいというお誘いもあったのですが、ポジションがあれば責任も生じます。今さらリスクを負いたくないのが本音で、お断りしました。資金繰りの苦労はもう二度としたくないのです。もう一度起業しようなどという考えも、毛頭ありません。自分は経営者として冷徹になれないことが分かっているからです。もしここで別会社を起業したら、きっと前の会社の従業員に恨まれると思います。

当時を振り返ると、私は社長の器ではなかったのだと思います。母ともよく話すのですが、例えば創業者である祖父が従業員に『そんなこともできないなら、辞めてしまえ』と言うと、言われた方は『自分のために言ってくれたんだ』と頑張るんです。でも、私が同じ言葉を発すると、言われた方は本当に辞めてしまうでしょう。それが器というものではないでしょうか。

経営者の中には『会社を大きくして、株式を上場する』ことを目標にしている方も多くいると思いますが、私は『大成功させて、誰かに譲って、引退する』と思っていました。引き受けたときから会社を手放すことを考えていたように思います。

一連のM&Aで学んだこともあります。それは、会社経営に失敗したときは、廃業か倒産かというふたつの選択肢しかないと思っていました。しかし、実は第三の選択肢、つまり、事業承継ファンドに売却すれば、不採算部門を閉じて売却してくれるという選択肢があるのです。当時、M＆Aは大企業がやることだと思っていましたが、私どものような小さな会社でもできるのです。選択肢はひとつでも多い方が後悔せずに済みますから、今、あちこちでこの話をさせていただいています」

ケース2 従業員と向き合うファンドから派遣された経営者

事業承継ファンドと契約し、M&Aで買い手が付くまでの間、経営を任されるプロ経営者のSさんは、Oさんから買い取った建築資材会社に派遣されました。会社を売却した元オーナーにとっての最大の心配事は、その後の従業員の処遇や取引先との関係ではないでしょうか。Sさんは会社を引き継ぎ、従業員とどのように対話し、どのように経営したのでしょう。Sさんの話をうかがいました。

プロ経営者の視点

縮小型事業承継を行うために事業承継ファンドが企業を買い取ると、最終的な売却先が見つかりM&Aが成立するまで事業は継続しますから、当然、経営判断をする人間、つまり経営責任者＝社長が必要となります。そこで、ファンドは買い取った企業に新しい経営責任者＝社長を派遣します。この場合、株主であるオーナーはすでにファンドであるために、社長はファンドに雇われたプロの経営者ということになります。

Sさんは、Oさんの建築資材会社を任されたプロ経営者でした。

「私がやらなければならないことは、とにかく派遣された企業の価値を損なわないようにすることです。ですから、企業価値を少しでも改善するにはどのようにすればいいか、そのための方向を探ることになります。その中には事業の取捨選択も含まれますし、従業員のモチベーションを上げることも含まれます。

売却されるということは、基本的には会社に何らかの問題があるはずです。そこに乗り込んでいくわけで、従業員は乗り込んできた私に対してあまりいい感情を持っていません。また、『会社の経営者が代わって、今後、自分たちはどうなるんだろう』という不安も抱えていると思います。私が入った段階では、次にどんな会社が会社を引き継ぐか分かりませんし、買い手が現れなければ廃業になるのですから、その心配ももっともです。

そこで、私はまず、従業員一人ひとりと個人面談をすることから始めます。多くは中小企業ですから、せいぜい従業員は20～30名規模です。全員と話をしても、さほど時間はかかりません。そうすることで、その会社の状況が分かりますし、問題点がどこにあるのか、これからどのように進めていけばいいのかも見えてきます。従業員のモチベーション維持には、公平感、一体感、達成感が必要と常々考えています。面談により、これらの問題点も分かってきます。

次に行うことは、週に1回の部門長会議を設定するなど、会議体を作ることです。中小企業はさまざまな理由から、組織としての指揮命令系統がはっきりしていないケースが多々あります。連絡事項がどのように伝えられるのかと問えば、『たまたま社長と会ったときに言われる』と答える始末です。それを、週1回の部門長会議で私から部門長に伝え、部門長が各部門に持ち帰って全員に伝えるという仕組みを作ります。そうすることで、従業員は『何かが変わるかもしれない』と期待を抱くようになり、目標に向かって頑張ろうという気持ちが芽生えるのです。

Oさんの建築資材会社の場合、M&Aによっていくらで売却するという出口の計算が、私が着任する前からできていました。その数字に向かって、私が企業価値を少しでも高めるべく、実際に動かしていくというイメージです。まず、着手したのは在庫処分でした。何しろビルの3階部分を在庫が占領していましたので。在庫処分とは見方を変えると、資産を減らすことですから、ファンドへの相談なくしては行えません。しかし、私が社長に就任する前から在庫を処分することと処分先が決まっていたためスムーズに進みました。そこで、3階部分を空にして貸し事務所にしました。同時に、不採算だったディスプレイ事業を廃止しました。

その間、3カ月ほどはOさんにも毎日会社に通ってもらい、細かな引き継ぎをしてもらいました。そのなかで、彼は『これなら会社も従業員も安心して任せられる』と安心したのではないでしょうか。通常、前の責任者はこの引き継ぎの間に、『あいつはすごく頑張るから、もう少し優遇してくれないか』とか、『あそこの部門は少し人手が足りないから、手が空いているこっちから回して増やした方がいい』などと意見を言います。ところが、Oさんの場合は特に希望はおっしゃいませんでした。きっとそれは安心して任せられると感じていたからだと思うのです。引き継ぎ期間中に人のつながりを教えてもらい、取引先への挨拶を済ませました」

Sさんと Oさんが引き継ぎを行っている3カ月の間に、この建築資材会社には、譲渡先の候補が現れました。これは、異例の速さと言っても過言ではないでしょう。

従業員への告知

建築資材会社の経営権がOさんの下を離れ、事業承継ファンドに渡ったのは2月末でした。3月からプロ経営者のSさんが入り、6月には譲渡先候補が現れ、8月には譲渡先の人が事務所の内装工事を始めるという慌《あわ》ただしい動きでした。

「私はファンドから送り込まれた人間ですから、社長に就任した段階で、従業員は『この社長は長くない。すぐに別の社長が来る』と感じていたようです。実際、譲渡先の人が事務所を訪れるようになりましたから、いつまでも隠してはおけません。7月末か8月のはじめには、譲渡先の社長が挨拶をしたいということで従業員を集めました。ですから、正式に知らせたのは、この時になります。譲渡先は商圏の異なる大きな建築資材会社でしたし、何より会社を存続させるということで、従業員は安心したのではないでしょうか。譲渡先は新しい商圏を求めて進出しようとしていました。ですから、非常にいいタイミングで売却できたと思います」

従業員が安心したのは、Sさんが派遣されて体制が新しくなっても、人員整理が行われなかったからかもしれません。

「ディスプレイ事業からは手を引きましたが、人員整理は行っていません。とにかく事業規模が小さいので、従業員を辞めさせると、日々の業務に支障をきたす状況でした。ただ、『こんな会社、やっていられない』と自分から辞めていった従業員はいます。

気を付けなければいけないことは、お金に関することを公にしないということです。この会社のオーナーはファンドであって、私ではないため決定権はありません。ですから、たとえ待遇が悪いから辞めると言われても、『給料はいくらにするから、残ってくれ』とは言えません。

逆に、残っている従業員に対しても、『給料はいくらを保証する』とか『将来も残れますよ』とは言えません。なぜなら、将来を決めるのは、次の経営者だからです。その代わり、いつも私は『どんな会社で働く場合でも、会社の目標に向かって邁進《まいしん》する働き方のできる人間になってください』と言うようにしていました」

神棚は誰のものか

Sさんの社長在任期間は、買い手が現れたことで9カ月で終了しました。

「私が社長をしていた9カ月を振り返って、反省点のひとつは、神棚の処分をどちらがするのか、事前に決めておかなかったことです。ビルの何カ所かに神棚がありました。ファンドからM＆Aで買い取った企業、つまり新しい持ち主から『神棚は撤去しておいてください』と言われたのですが、やはり神様にまつわるものですから、いくら私でも自分では手が下せません。自ら取り去って、ゴミとして捨てることはできないのです。ところが、神社で処分するにしても、仏具販売店に依頼するにしても、大きな額ではありませんが費用がかかります。そうなると、その費用は誰が払うのかという問題が生じるのです。Oさんは、売却したものだから自分には支払い義務はないと主張されます。新しい持ち主は、そちらの費用で処分すべきだと言うでしょう。

結局、話し合いの結果、Oさんとファンドで折半することになりました。神棚の撤去費用は数万円のことですから、それほど大きな資産減にはなりませんでしたが、金額が大きいと売却価格に関わってくるために問題です。庭の大きな木や神棚など、前のオーナーが大切に持っていてすぐに処分できないようなものは、誰の費用で処分するか、最初の段階で決めておくことが大切だなと思いました。

実は会社が入っていたビルは自社ビルで、5階から7階を賃貸に出していたのです。しかし、ビル管理は管理会社ではなく、Oさんご自身で行っていらっしゃいました。ですから、私が会社経営と一緒に引き継いで管理をすることになりました。実際、家賃の徴収やゴミ出しなど、自分で行っていました。そのため、神棚の撤去費用に関しても、建築資材会社が支払うべきではないかという話が出たのです。

買い手が決まったと聞いてから数カ月後、内装をはじめ引き渡しの準備も終わり、実印と建物のカギを引き渡した瞬間は、ほっとしました。逆に、実印と建物のカギを預かったときは、とてもプレッシャーを感じました。何か間違いが起きては大変ですから。きっとOさんも同じだったに違いありません。引き継ぎの3カ月間はとても幸せそうな顔をされていましたから」

悩んだら、すぐ専門家に

「事業承継ファンドから派遣されるプロ経営者という仕事をしていると、M&Aや廃業はいつ決めたらいいのかという質問をされます。私がいくつか経営して思うのは、それは、それぞれのタイミングだということです。家族の状況や健康上の問題で、もうこれ以上経営を続けられないということもあるでしょう。将来の状況が見通せないから、廃業したいと考えることもあるはずです。

ただ、M&Aにしろ、廃業にしろ、それらを扱う専門家がいます。彼らに相談すれば、いくつかの道があるということも事実です。例えば、廃業を考えて相談に行ったら、不採算部門を清算すればM&Aが可能になるとか、ファンドが買い取ってくれるなどです。実際にそこで言われた通りにするかどうかは別として、私は専門家に相談に行くことをお勧めします。

また、相談するなら、早ければ早い方がいい。遅くなればなるほど、選択肢が狭まります。M&Aや廃業が頭をよぎったら、まずは専門家に相談し、いくつかの方法を提示してもらう。実行するのは、すぐでもかまいませんし、いくつかの専門家にアドバイスを求め、一番条件がいいところを選んでもいいでしょう。過ぎた時間は戻ってきませんから、後悔しないためにも、選択肢を減らさないためにも、倒産という最悪の道をたどらないためにも、早めの相談が必要です」

ケース
3
従業員を再就職させて廃業

自動車教習所経営者の親族で、副管理者として副校長の役職に就いていたYさんは、自動車教習所が廃業するに当たっての実務を担っていました。通常の企業と異なり、自動車教習所には、在籍している生徒をどうするのか、生徒が減っていくスピードに合わせて指導員を退職させるなど、思わぬ苦労が隠れていました。

ケース 3 事業概要

事業内容	自動車教習所
業　歴	40年
社　長(相談時)	70歳
従業員	約40名（うち指導員30名）
不動産	経営者が20%、その親族が80%を所有
株　主	経営者親族100%所有
売上高(相談時)	約3億円
営業利益(相談時)	900万円

相続問題から廃業を選択

Yさんが副校長をしていた自動車教習所は、土地の2割を経営者が所有し、残る8割をその経営者の親族から借りていました。つまり、ほぼ借地の上に自動車教習所があるというイメージです。新規に自動車免許の取得を目指す人の大部分が教習を受ける指定自動車教習所は、都道府県公安委員会の指定を受けて運営されている事業で、コース敷地面積は8000平方メートル以上が必要で、登録している教習車両1台につき、さらに何平方メートルが必要という決まりがあります。それ以下になると、指定取り消しになってしまうのです。

ところが、土地の8割を所有している親族が、相続問題から土地を売却したいので借地契約を解約すると通告してきました。広さが足りなければ指定取り消しとなり、自動車教習所を続けることができなくなります。そこで、経営者は自動車教習所の将来性も考え、廃業を決意しました。事実、若者の自動車運転免許取得者数が減り、全国の指定自動車教習所は年々減り続け、1991年の1477校をピークに、2020年には227校減の1250校となっています。

その時点で、従業員は総勢約40名（うち指導員30名）、卒業生は年間800〜1000名で、年商は約3億円、従業員の平均年収は500万〜600万円でした。経営状態が良いとはいえないものの、決して存続できないという状態ではありません。Yさんは話します。

「私が専務から廃業を検討していると聞かされた時点で、もう廃業は決定事項だったようです。その1カ月後には、青山財産ネットワークスの紹介で教習所専門の経営コンサルタントが入って来ましたから。

自動車教習所の廃業は、通常の企業廃業とは少し勝手が違います。なぜなら、廃業決定時点ではまだ生徒が残っているからです。授業料は入学申込時に先払いでもらっているため、そこには教習の提供義務が残っています。廃業するからといって、すぐには閉めることができないのです。一方、生徒の募集を停止するために、収入は途絶えます。新たな収入がないなかで生徒が卒業するまで事業を継続させなければなりません。

私が廃業の話を聞いたときは、まず『ここにいる指導員の、この先はどうなるんだ』という不安がよぎりました。平均年齢が45歳ほどで、事務員を除けば一番若い指導員でも30歳代でしたから、再就職は難しいだろうなと思いました。何しろ、教習所の指導員はつぶしがききません。車の運転が上手で、法規をよく知っているといっても、それを生かせる仕事は警察の交通課ぐらいです。とはいえ、警察は公務員ですから、再就職の選択肢に入れることはできません。他には、普通第二種免許を持っていればタクシー運転手、重機を動かす免許を取得していれば建築・土木関係の仕事に就けますが、転職先はそれくらいで、結局は他の教習所に再就職するしかなく、転職しづらい職業なのです。

しかし、廃業までのロードマップを見せてもらうと、そこには『従業員の再就職先を見つける』『十分な割増退職金をきちんと支払う』という項目がありましたので安心しました」

キャリアアップできる就職支援を

4月30日の入所を最後に、5月1日から生徒募集を止め、翌年2月での廃業が決定しました。教習有効期限が9カ月のため、4月30日の入所者の教習有効期限を考えて翌年2月に廃業と決まったのです。Yさんに廃業が知らされた1カ月後、従業員全員が集められ、専務がスライドで経営状態を説明したうえで、廃業までのスケジュールが通告されました。

「従業員は春闘のボーナス交渉などで決算書に近い数字を見ていますから、経営状態が決して右肩上がりではないということは、うすうす感じていたと思います。それでも、系列会社もあるし、たとえ教習所が赤字になったとしても、系列会社が補填して何とかなると思っていたのではないでしょうか。

私は廃業を決めた経営者と、まだ続けられると思っている従業員の間に立たされることになりました。とはいえ、従業員がすねて動かなくなったら、たちまち教習所の運営に支障をきたします。

新しい生徒をとらないのですから、生徒数は徐々に減っていきます。そうすると、指導員もそれに合わせて減らしていかなければなりません。先にも言ったように、自動車教習所の売上は生徒の入学申込時にしか発生しません。後は、従業員の給料を含め、固定費が出ていくだけです。ですから、極力出費を抑えなければ、廃業する翌年2月まで会社が持ちこたえられません。そこで、生徒の減少ペースを計算し、計画的に指導員を減らしていきました。問題は、誰から辞めてもらうかです。そこで、指導員の能力査定を実施しました。

どんなに頑張っても、指導員は1日に生徒10名、つまり10時間・10コマしか教えることができません。途中昼休みを1時間とって、午前9時始業で午後8時まで残業をしたとして10時間・10コマが最大です。ですが、30名の指導員でのべ300時間の講習をこなすのと、5名の指導員でのべ50時間の講習をこなすのとでは、圧倒的に30名の方がスケジュールを組みやすい。指導員の人数が少なくなればなるほど、生徒の講習希望日時が重複しやすくなりますし、ひとりが早退したり欠勤したりしたときのダメージが大きくなります。

そこで、有給休暇の消化率が低く、残業数が多くて、生徒の評判がいい指導員を残すようにしました。言い換えれば、休みがちで、残業を嫌がり、生徒の評判が悪い指導員ほど先に辞めていただいたということです。なるべく指導員を余らせないように、かといって足りなくて生徒が講習を受けられないという事態が起こらないようにするのは大変でした。そうこうしていると、指導員の間でも『次はあいつだろうな』ということが分かってきますから、再就職活動も真剣さを増してきます。

次に、再就職先に移る日が決まった人を、優先的に解雇しました。優秀な人材ほど、再就職日を限定されませんでした。面接時に『来年2月に閉まるので、それ以降でも大丈夫でしょうか？』と聞くと、『いつでもいいから来てください』と言われるようです。優秀な人材は、待ってでも欲しいのでしょう。逆に何とか再就職先を見つけた指導員ほど、早く移らないとご破算になると思うようです。早く退職したいと申し出てきました。

当時の自動車教習所には、系列会社に陸運会社がありました。そこで、『希望すれば、陸運会社に転職できます』と伝えたのですが、誰ひとり希望しませんでした。同時に、経営者が知り合いの教習所に『廃業するので、うちの従業員を雇ってもらえませんか？』と声をかけていました。先に話したように、教習所指導員は教習所指導員として再就職することが一番望ましいのです。教習所に再就職できたのは約3割の10名ほどでした。声がかっても、給料が下がるとか、勤務先が自宅から遠いなどの理由から、断る指導員もいました。そこで、ハローワークから就職情報をとってきて社内に置きました。その甲斐もあり、残り20名は自力で再就職することができました。

管理職だったある人は、いったんは教習所に再就職したものの、結局は重機を運ぶ運送会社に行きました。今、大型トラックを運転できる人材が足りないらしく、給料もすごく上がったらしいです。事務員ふたりは教習所に再就職し、そこで指導員資格を取得して指導員になりました。指定自動車教習所の指導員資格をとるには、まず指定自動車教習所の従業員になり、そこから指導員資格取得希望者として公安委員会が実施する養成講習を受けた後、筆記・運転技能審査・面接審査の資格試験に合格しなければなりません。そのため、事務員と指導員では給料に大きな開きがあるのです。そのうちのひとりは、資格取得後に研修で東南アジアに行ったと聞きました。今、アジアでは日本の免許制度フォーマットが欲しいという需要があり、大手の自動車教習所は海外進出しています。いずれにしても、皆さん、キャリアアップができたようでほっとしています」

組合と交渉

Yさんが副校長を務めていた自動車教習所の従業員は労働組合に入っていました。廃業を知った労働組合からは、組合長や書記長といった三役が交渉に来ました。

「組合とのやり取りは面倒でしたね。相手はなるべく従業員に有利な形で廃業させないと、自分たちが存在する意味がないという認識ですから、こちらが反論できないようなことを言ってきます。例えば『廃業をするなんて、とても従業員の先々を考えているとは思えない』とか、『これまでの経営責任を、従業員に押し付けるな』『従業員の合意をとっての廃業ですか?』『この会社の経営陣は、廃業した後の従業員の生活がどうなるかといったことも考えられないのですか』といった具合です。こちらは『何言ってんの。退職するまでの給料はきちんと払うと言っているでしょう。退職金も満額払うと言っているでしょう』と主張するのですが、労働組合が引き下がらず、らちが明きません。先方が言ったことをひとつずつ資料を示してつぶしていくのは、本当に大変でした。例えば経営責任に対しては、春闘の議事録を取り出して、『ボーナス交渉のとき、会社側がそれだけ出すのは厳しいと言ったのに、皆さんは業績アップの取り組みをするから上げてくれと言いましたよね。ところが、その年は業績が上がるどころか下がったじゃないですか』といった具合です。最終的には組合は何も言えなくなり、『退職金は正確な計算で出してくださいね。雇用保険の離職票はきちんとくださいね』と言って引き下がっていきました。

何とか感情的にならず、うまく切り抜けられたからいいようなものの、今思えば、交渉はきちんと弁護士のような専門家にお願いすれば良かったと思います。そうすれば、あれほど時間を費やすこともなく、ひとつの間違いもなく、論理的に治めてくれたのでしょう。

ある自動車教習所のケースでは、過激な労働組合だったので大変だったと聞きました。会社を廃業すると知ったら、その瞬間、従業員が旗を立てて仕事をボイコットし、門を閉めて騒ぐ可能性があったというのです。自動車教習所の売上は、生徒から先払いでもらいます。もしも、そんな騒ぎを起こされて、生徒の募集停止前に生徒が入学してこなくなったら、廃業できずに倒産していた可能性もあったようです。その自動車教習所は青山財産ネットワークスに廃業までの道筋全てを頼んで、うまく乗り切り、廃業できたようです」

従業員が組合に入っている場合、組合との厳しい団体交渉が待っています。そこでは、これまでの経営も含めて問われることになりますから、廃業するためには常日頃からのまじめな経営が必要となります。また、専門的な交渉も多いため、専門家にお願いする方がスムーズに廃業に向かえます。

訴訟リスクを防ぐ

廃業時、自動車教習所特有の課題である生徒について、対処方法はふたつあります。ひとつは生徒が支払った学費を返金して退所してもらう、もうひとつは廃業までの間に全員卒業させるという方法です。

「自動車教習所は、管轄が都道府県の公安委員会なので、何かにつけ非常に厳しく指導を受けます。自動車運転免許に関する手続きなどを行う運転免許センター（運転免許試験場）も公安委員会の管轄で、その運転免許センターに何かひとつでも教習所へのクレームが入っただけでも、職員が出向いてきてチェックをするほどです。

私たちは、4月30日で生徒の入所を止めて、そこまでに在籍していた生徒を全員卒業させるという道を選択しました。ですから、とにかく生徒にどんどん講習予約を入れてもらい、先へ進めなければなりません。そこで、あまり来ない生徒には、こちらから電話を入れて、『教習所が閉まったら乗れなくなるので、早く来てください』と催促もしました。おかげさまで、生徒から聞こえてきたクレームは、思った時間に予約がとれないとか、指導員の態度が悪いなど、通常に営業しているときとさほど変わりはありませんでした。廃校に関するクレームはありませんでしたし、運転免許センターへの苦情もゼロでした。

自動車教習所のカリキュラムは全国共通のため、何を受講したかの証明書を発行すれば、日本中どこに転校しても、続きから受講することができます。そのため、教習所には教習簿というものがあり、いつ誰が何をどこまで教習したかが分かるようになっているのです。ですから転校を希望する生徒には証明書を発行する予定でしたし、退所したいという生徒には全額返金する予定でした。しかし、結局は全員卒業してくれたので、生徒に迷惑をかけることなく、良かったと思っています」

生徒数が減るにつれ、指導員も徐々に減らしていき、最後にはふたりの管理職と、3名の事務員、経営者である専務の合計6名が残りました。

「入所を止めてからの9カ月後よりも早く、全員が卒業していきました。後半は、備品を売ったり、空いたスペースにゴミを集めたりしていました。とはいえ、コピー機などの機器類はほとんどリースですし、金目のもので売れるものは車しかありませんでした。専務が他の教習所に、『うちで使っていた教習車、欲しいですか？』と声をかけて、話を付けていたようです。教習車は助手席の足元にブレーキペダルや、運転席側からは見えない位置に速度計が付いているなど、通常の自家用車とは異なる特殊用途自動車です。ですから、教習所に売るのが一番効率が良かったのだと思います。

いよいよ最後という日、専務を除く5名で打ち上げをしましたが、おいしいお酒ではありませんでした。やはり、自分の会社ではないとはいえ、廃業に関わる作業は気持ちのいいものではありません。ただ、やり切ったという達成感はありました。それまで、廃業というものは経営がうまくいかなくてやむなく経営をやめることだと思っていたのですが、地主の相続問題という、外部的な要因でやめざるを得ないこともあるんだなとつくづく思いました。土地問題がなければ、まだ続けていられたと思います。

とはいえ、自動車教習所は基本的に斜陽産業です。人口そのものが減っていますし、車がなくても困らない社会になっています。何より、若い人の『免許をとって車を運転したい』というモチベーションは下がっています。その証拠に、私がいた自動車教習所では、広告は免許を取得する本人にではなく、その親向けに打っていましたから。例えば『高校を卒業したら免許がとれます。将来、免許がないと困りますよ。取得するなら若い方が短期間で済みます』などといった具合です。そうすると、親御さんは慌てて、お子さんに『今免許をとっておかないと、いつとれるか分からないわよ。今ならお金を出してあげるから』と勧めてくれます。

そんな具合ですから、あのときに廃業しなくても、遅かれ早かれ廃業の時期はやって来たでしょう。逆に、ギリギリまで続けて倒産するよりは、余裕があるうちに廃業して良かったのかもしれません。私はいきさつを聞いていませんが、その辺りは、相続問題が起きたときに青山財産ネットワークスからアドバイスをいただいたのだと思います。

経営者である専務は、訴訟を起こされることもなく、従業員もある程度納得して辞めていったし、スムーズに廃業ができてほっとしたのではないでしょうか。彼は他にもいくつかの会社を経営していますから、生活に困ることもありません」

廃業に際して、実際に訴訟を起こされている企業もありますから、専務がほっとしたというのは、その通りなのでしょう。

業界事情を知るコンサルタント

自動車教習所の廃業には、生徒を卒業させるか、返金するか、どちらかを選ぶという特殊性があります。また、入所を止めた瞬間から収入が途絶えることも、廃業にはネックになるでしょう。どの企業も廃業に関するプロセスが同じというわけではありません。

「私自身、自動車教習所を廃業させた経験などありませんでした。多くの場合、誰でも廃業などはじめての経験でしょう。そのため、何をどうすればいいのか、どのようなロードマップを描けばいいのか、廃業資金はいくらぐらい必要なのかなど、分からないことだらけです。教習所の仕事には独特な決まり事やセオリーがあるため、それを理解していない人にはできないという側面もあります。

そもそも私がいた自動車教習所と青山財産ネットワークスの関係は、経営者一族が築いたものでした。しかし、今振り返って、青山財産ネットワークスに廃業の手続きをお願いして、本当に良かったと思うことは、その業態に合わせた最適な経営コンサルタントを紹介してくれたことです。紹介を受けた教習所専門の経営コンサルタントの指示で私が動いていたからこそ、スムーズに廃業ができたのだと思います。法律面や財務面で必要なリーガルチェックは、資格があれば誰でもできます。しかし、実務となるとそうはいきません。経験が重要になってくるのです。

自動車教習所の跡地は、どこもかなり広いんです。ですから、廃業した後、広過ぎるために買い手が付かないという話も耳にします。立地が悪いと、なおさらでしょう。ただ、私がいた自動車教習所の場合、廃業が決まったときには、すでに買い手が決まっていたようです。従業員に廃業を告知したすぐ後に、マンションを建てるというのでボーリング調査が入っていましたから。廃業を知った従業員は情報のアンテナを張り巡らせていて目ざといので、工事関係者が出入りすると『労働組合が団体交渉をしているのに、もう売り手が決まっているんですか？』などと私に聞いてきます。私は『知らないよ』と答えるのですが、心の中では『すぐに買い手を見つけてくるなんて、青山財産ネットワークスはすごいな』と思っていました。多分、何社か見つけてきて、『ここが一番条件いいですよ』などというやり取りをしていたのでしょう。そういうネットワークの広さはさすがだと思います。

私にとってのメリットは、窓口がコンサルタントひとりだったことです。通常なら、この件は弁護士に、この件は会計士に、これは税理士に、こっちは不動産会社にと、それぞれの窓口に連絡をしなければならないでしょう。それがひとりで済むということは、青山財産ネットワークスがコンサルタントを紹介してくれたからです。廃業に関する作業は短期間にやらないといけないので、本当に助かりました」

ケース
4

採算店舗を従業員に譲渡

M&Aには、従業員がファンドの支援を受けて株式を買い取るEBO（Employee BuyOut）という方法があります。年商40億円を誇っていたアパレル卸・小売会社が、創業社長を失い、EBOで生き残るという方法を選択しました。ここでは、このEBOを活用した事業承継の事例を紹介します。

ケース 4　事業概要

事業内容	婦人向けアパレル業（製造、卸、小売）
業　歴	50年超
社　長（相談時）	62歳（創業社長の急逝により奥様が事業承継）
従業員	100名弱（パート含む）
店舗数	全国に45店舗（大多数は賃貸）
株　主	経営者親族100%所有
売上高（相談時）	35億円
営業利益（相談時）	△3億円

経営経験不足と構造不況で廃業を決意

業歴50年超のアパレル卸・小売会社は、自社で企画デザインした婦人服を中国の企業に製造委託したり、既製服を買い付けたりして、国内で販売する事業を行っていました。小売の店舗網は最盛期で約50店舗を抱え、一定の固定客もつかんでいたようです。企画デザインから製造までを行っている商品開発製造会社、仕入れた商品を販売する販売会社、商品をストックする倉庫会社と3つのグループ会社に分かれており、売上は連結で年商40億円に達したこともあります。いずれも、創業社長が経営をしていた頃がピークでした。ところが、創業社長が急逝《きゅうせい》し、社内でデザインを担当していた奥様が事業を承継しました。

奥様はこれまで経営に携わったことがなく、右も左も分からない状態です。売れる量を見誤って多く発注し過ぎたり、従業員の言うがままに発注をかけてしまったりで、多くの在庫を抱えることになってしまいました。さらに、役員から「ここに新店舗を出したらいい」と言われると、競合店調査や立地調査などをしっかりとせずに出店してしまい、採算が合わなくなったということもありました。

さらに、円安や中国での製造コストアップから、中国で製造して、あるいは買い付けして、日本で売るという時代ではなくなっていました。営業を続ければ続けるだけ赤字になるという状況が続きました。構造不況に陥っていたともいえるでしょう。奥様の言葉です。

「2期連続で数億円の赤字を出してしまい、再生系のコンサルタントを役員に迎えて、事業の健全化を図ったのですが、うまくいきませんでした。もう、何をやっていいのか分かりません。せっかく主人が残してくれたものを全て失ってしまうのではないかという恐怖心でいっぱいでした。何をしていても会社のことが頭から離れず、自分の生活を楽しむことさえできなくなっていたのです。

そんなとき、M&Aの仲介会社があることを知りました。わらをもつかむ思いで相談に行き、M&Aで会社を譲渡することを決断しました。そこは大手の仲介会社だったのですが、そもそも赤字であることと、アパレルは成長が見込めない厳しい業種であることを理由に、買い手は現れませんでした。このまま赤字が続いたら、近い将来、倒産してしまいます。そこで廃業を決意しました」

この時点で、従業員数は100名弱です。ところが、いざ廃業しようと思うと、取引先と今後について交渉をしなければなりません。官報に解散公告を出すなど、手続きも煩雑です。

「私は社会人として服飾デザインの経験しかしていませんから、とても自分ひとりの力では廃業することができないと思いました。そんなときに旧知の不動産会社から紹介されたのが、青山財産ネットワークスと新生銀行が運営する事業承継ファンドでした」

それまで、資金を調達するために倉庫や本社を売却していました。そのときの不動産会社が将来を心配して、事業承継ファンドを紹介してくれたのです。

一部でも残したいという創業家の思い

実は、廃業の決断は親子の葛藤を乗り越えてのものでした。急逝された創業者と奥様の間には、後継者として育てられていたご子息がいました。奥様は赤字がかさんでいく以上、廃業やむなしと考えていたのですが、ご子息は父親が残してくれた会社を自主再生したいと考えていたのです。奥様は話します。

「息子は早くから取引先との宴会の席に同席するなど、後継者として育てられてきました。ですから、人一倍、この会社に愛着があったのだと思います。息子にとって、会社は父親同然だったのです。だからこそ、廃業は許せなかったのでしょう。この段階になっても、継ぎたいと熱望していましたから」

廃業の話が出た頃は、毎晩のように社長である奥様と、後継者候補のご子息、再生系のコンサルタントの3名で激しい話し合いをしていたようです。

「話をしているうち、私も息子も感情的になり、けんか腰でした。ただ、もはやこの時点では赤字額が大き過ぎて、自主再生ができる状況ではなかったのです。コンサルタントの方が数字を示しながら、現実を教えてくれました。結局は、残せるものがあれば残してもらうという約束で、息子も折れてくれました。最終的には、ファンドが入ってくれたおかげで、一部の店舗を従業員が継いでくれ、部分的にでも残せて良かったと思います。ファンドに売却後は息子も吹っ切れたようでした」

ファンドに株式を売却するときの条件は、可能であるなら、ブランド名でも、何店かの店舗でもいいから、何かしら残したいというものでした。

アパレル業界では、事前に仕入れの運転資金を用意して、半年近く前に季節ごとの商品仕入れを行います。自社ブランドで製造する場合は、それよりさらに前にデザインを決めて製造を発注しなければなりません。仕入れてしまえば、販売せざるを得なくなります。

ですから、廃業するのなら仕入れや製造発注の前に決断をしなければならないのです。

ところが、従業員は例年通りの仕入れがないとか、新しいデザイン企画が出てこないなどとなると、経営が行き詰まっているのを察知して士気が下がってしまいます。士気が下がれば、売上もそれにつれて下がります。もたもたしていると優秀な従業員は辞めていき、さらに売上が下がって、早々に苦境に立たされます。ですから、経営者はある時点できっぱりと決断して、従業員に説明をしなければなりません。

加えて、製造を発注する場合は大量発注をしないといけませんし、発注してからは変更ができませんから、情勢を読み間違えると大変なことになります。発注をかけるなら銀行に追加融資を求めなければならないこともあり、大きな負債を抱えることになるのです。後継者として育てられていたご子息には、それが分かっていたのでしょう。

その時点で、赤字が膨らんでいましたし、在庫量も莫大でした。自主再生を選んでも、銀行は追加融資をしなかった可能性が高いケースです。やはり、廃業を選ぶしか道はありませんでした。

EBOで生き残る

廃業を決意された時点で、株式を所有していたのは奥様とご子息のふたりでした。不要部分を削るなど、手を加えればM&Aができる可能性もあることから、廃業に向かう方向で事業を縮小しつつ、並行してM&Aも探っていました。そのため、事業承継ファンドがふたりから株式を100%買い取って実質的な経営者となり、代表取締役社長の奥様は退任、代わりにファンドから派遣された、親族外の役員が社長になりました。

アパレル業界の構造変化に鑑みると、最初に製造を委託するメリットが小さくなった中国からの仕入れを止めなければなりません。中国では、少しずつデザインを変えて製造するという多品種への対応は難しく、小ロットの製造は受け付けないのです。中国に発注する以上、大きなロットになり、在庫がさらに増えてしまいます。そこで、商品開発製造会社は廃業にして、そこに携わっていた従業員は全員解雇しました。また、製造を止め、仕入れも抑えたことで商品の入荷が少なくなり、自前で倉庫を持つ必要がなくなったため、倉庫にあった多くの在庫を処分して倉庫を売却し、倉庫会社も全員人員整理をして廃業しました。

人員整理の対象となった従業員に対しては、この時点で再就職支援制度が準備されていました。しかし、ちょうどアパレル業界では店員が足りないといわれていた時期です。皆さん、再就職支援制度は利用せず、自力で転職していきました。

店舗は黒字か赤字かを精査して、黒字の店舗だけを残して、残りの不採算店舗を閉店させています。こうして、3つのグループ会社のうち2つを廃業にし、残ったひとつも大幅に縮小したのです。1年半かけてこれらを行うことで、企業全体が黒字となりました。

少しの可能性に賭けて、事業承継ファンドはこの縮小させた会社のM＆Aをもう一度目指しました。以前に大手仲介会社が断念し、失敗に終わっています。今回も構造不況のアパレル会社を買収したいという企業は現れず、廃業が決定的と思われました。ところが従業員のひとりが「黒字の店舗だけなら、自分でやってみたい」と手をあげました。従業員がファンドの支援を受けて、株式を取得するEBOで会社を引き取ったのです。当時を知るファンドのひとりは言います。

「新しい経営者は店舗で店長をしていた、社内でも実力のある人でした。彼は肌感覚で、在庫を見て『これはまだ売れる。こっちは売れ筋ですよ』などと仕分けをしていました。現場を見てきた人の勘で、これくらいまで縮小して、固定客が付いているこの店で、力のある店員と協力すれば、まだ生き残っていけるという判断をしたのだと思います。このような勘は、現場責任者ならではのものです。ファンドとしては、今、黒字の店舗も数年後には赤字になるだろうと考えていましたが、結局は彼の勘を尊重しました」

従業員が買い手になるEBO

たとえ中小企業とはいえ、ひとりの従業員が金銭的に全ての株式を買い取ることは可能なのでしょうか。それについてのファンドの説明です。

「このときの売却価格は一般的なサラリーマンが買える金額です。結局、バランスシートで資産と負債の差額を支払ってもらえればいいため、そこを調整すれば価格は抑えられるのです。今回の場合、資産の大半は服の在庫でしたから、これまで1万円で販売していたものを100円くらいで値付けしました。有名ブランドではない服は、シーズンが過ぎれば1着100円程度のワゴンセールに流れてしまいます。ですから、決算書には1億円と記載されていても、評価は100万円あるいは300万円ということになるのです。そこから負債分を差し引けば、十分にEBOができる金額になります」

ＥＢＯの前に、さらに店舗を精査して縮小し、小さなＭ＆Ａ仲介会社に委託する方法も考えないわけではなかったようです。しかし、成功報酬は売却価格のパーセンテージで決まるため、売却価格が低いとＭ＆Ａ仲介会社も手間だけがかかって報酬が少ないため、取り扱ってはくれません。そこで廃業しかないと諦めかけていたときに、従業員が手をあげたのです。ファンドとしても、低価格であっても元経営者との「何かを残す」との約束も果たせますし、ＥＢＯに応じた方がいいと判断しました。

ケース
5
不動産を生かし廃業

価値のある不動産を所有している企業が廃業する場合、不動産M&Aという方法で、不動産を生かすことができます。広大な工場用地を所有していた金属加工製造業の会社も、青山財産ネットワークスを通して不動産M&Aを行いました。ここでは、事業承継ファンドが手がけた、この不動産M&Aの事例を紹介します。

ケース5　事業概要

事業内容	金属加工製造業、不動産賃貸業
業　歴	約70年
社　長(相談時)	67歳
従業員	6名（嘱託含む）
不動産	自社工場、賃貸工場、賃貸店舗
株　主	代表者が3分の2、その他は一族で保有
売上高(相談時)	1.6億円（50%以上は不動産賃貸）
営業利益(相談時)	0.3億円

残しておいては相続人のお荷物になる

１９４９年創業、主にアルミニウム製の調理器具を製造し、一時は多くの従業員を抱えて事業を営んでいた金属加工製造業の会社がありました。社長のKさんは、家業であったこの会社に40年勤め、64歳で3代目として社長を継ぎました。しかし、時代とともにアルミニウム製の調理器具の価格が下がり、国内生産は縮小し、その他のアルミニウム製品と同様に海外での大量生産に移っていきます。そこで、この会社は、アルミニウム製の機械部品製造に移行していきました。とはいえ、今では従業員は親族2名のみで、実際には製造をしておらず、昔からの取引先から注文が入ると、それを下請けに流していました。

では、どのように会社が成り立っていたのでしょう。かつては賑わっていたこの会社には、広大な工場用地がありました。また、羽振りが良かった頃に都内に貸し店舗と駐車場を購入して所有していました。そのため、10年前から本業は赤字でしたが、３０００坪の自社工場の他に５０００坪の貸し工場があり、東京都内の貸し店舗と駐車場も貸し出しており、それらの賃料収入で会社を存続させていたのです。

Kさんはすでに同年代がリタイアする年齢に差し掛かりました。そこで、今後の生活や事業をどのように承継するかを考えるようになったのです。ところが、奥様はもとより、ふたりのお嬢様とも事業承継の意思がないため、後々子どもたちに迷惑をかけるより自分で会社を閉めようと、廃業を決めたのです。

当時を振り返ってのKさんの言葉です。

「当初、事業承継も考えていたため、事業承継コンサルティング会社に相談しました。その時点で、廃業するにも清算手続きが煩雑なことや、不動産を売却することで多額の税金負担がのしかかることが分かったのです。さらに、住宅地と違って、通常の不動産会社では工場の跡地である不動産を取り扱ってくれないことも多く、それに加えて、その土地は市街化調整区域内にありました。工場やその土地を自分で売るのは大変です。ですから、正直、困っていたのです。いずれ相続が発生するでしょう。そのときに、子どもたちにとってはこの不動産が大きなお荷物になることも分かっていましたから、何とか自分が処分しなければいけないと思いました」

そこで、Kさんは事業承継コンサルティング会社を通して、青山財産ネットワークスと新生銀行が運営する事業承継ファンドに不動産M&Aで自社を売却できないかと打診しました。

不動産M&Aとは、主に不動産の取得を目的に企業を買収する方法です。単純な不動産の売買では、中小企業の場合、売却後の利益に約35％の法人税がかかり、さらに経営者に配当で売却益を渡す時点で、再度税金がかかってしまいます。しかし、不動産M&Aの場合は、売却するものが株式であるため、株式譲渡益課税の所得税として約20％が課せられます。そのため適用される税制の違いを踏まえて、不動産M&Aを選択される方が増えているようです。

土地が工場として使用されていたので、あらかじめ土壌汚染調査をしたのですが、汚染されていなかったのは好都合でした。ファンドは引き受けることを決定しました。ファンドでは100％の株式を引き受ける形で、会社ごと買収しています。そのうえで不動産のみ売却して、最終的に企業そのものは廃業にする予定でした。

不動産M&Aが最適

都内にあった貸し店舗と駐車場は立地が良かったため、ファンドでは取得と同時に売却の準備に入り、翌月には売却先が決まりました。残る不動産は貸し工場と自社工場なのですが、どちらも環境などを保全するために市街化を抑制すべきと定められた市街化調整区域だったのです。ですから、広大な土地であるにもかかわらず、都市開発をすることができません。建物を取り壊しても、ここには倉庫か工場しか建てられません。住宅など他の用途には転用できないため、大手不動産会社に再開発用地として売却するわけにもいかず、小さな企業にコツコツ打診をしていかなければなりません。売却には時間がかかると思われました。ただひとつの救いは高速道路のインターチェンジ近くにあったことから、その立地から倉庫への転用が見込めるのではないかということでした。

このM&Aに携わった青山財産ネットワークスのコンサルタントの話です。

「工場としてしか利用できない不動産を売るのは大変です。不動産販売のネットワークを持っている企業でしか、扱えないと思います。

今回は、貸し工場と自社工場というふたつの物件を扱いましたが、貸し工場の方は、案外早く買い手が見つかっています。なぜなら、貸し工場を借りていた企業は大手企業で、この物件を20年以上も借りています。また、これからも出ていくつもりはないと話していました。ですから、買い手はすでに収益がある物件として、購入を検討することができたのです。

問題は、自社工場の土地です。道路に面してはいるのですが、土地の形がいびつだったため、分割して売ることができませんでした。その土地を利用できる企業は限られるだろうと予想できたため、大手の不動産仲介会社数社から、数百社単位の企業に打診してもらいました。大きな企業から、地場の小さな企業まで、本当にくまなく当たってもらいました。大きな企業であれば、そこに倉庫を建てて使ったり、横のつながりを利用して貸したりもできます。近隣の地場工場なら、工場を広げるという需要が考えられるでしょう。各不動産仲介会社が、可能性のある企業を１００社単位でリストアップしてきました。

しかし、リストアップしている間に近くに新たな幹線道路が開通したのです。せっかくインターチェンジの近くにあるというメリットも、この幹線道路の開通でインターチェンジがほとんど使われなくなったため、メリットではなくなりました。売却は厳しいかなと思った時期もありました。2年ほど根気強くさまざまな企業に当たった結果、最終的には、持っていた倉庫が手狭になったという近隣の企業が購入しました」

売却に時間がかかったことについてKさんは話します。

「このような不動産M&Aという方法があることを知りませんでした。私はすでに株式をファンドに売却することで、売却益を受け取っています。ですから、不動産が売れるまでの2年もの間、売れるかどうかという不安を抱えながら過ごす必要がなかったのは、本当に良かったと思います。ファンドに感謝しています。不動産が売れただけではなく、廃業の細かな手続きからも解放されました」

老後は売却益を運用して暮らす

不動産M&Aで買い手が決まった後、そのままトラブルなく売却できたかといえば、アルミニウム関連製造業として長い伝統を持つ企業だったため問題もあったようです。当時を知るコンサルタントのひとりが言います。

「そもそも、私たちに株式を譲渡する段階でも手こずったようです。株式を兄弟3名で相続していたのですが、その相続を巡ってトラブルがあったようで、なかなか経営者が株式を買い集めることができませんでした。ファンドで引き受けるには、全株式を譲渡してもらうことが条件になります。そうでなければ、スムーズに廃業や売却ができないからです。ここはご自身でやっていただく段階のため詳しいことは分からないのですが、経営者のKさんも、兄弟を必死に説得したようです。

古い建物のため、蛍光灯のトランスにＰＣＢ（ポリ塩化ビフェニル）が入っていたことも想定外の出来事でした。その処理に思わぬ時間がかかりました」

ＰＣＢは環境安全の観点から、製造や使用が禁止されている物質です。この工場にあったものは、禁止される以前に使用されていたものでしたが、国が中心となって運営している処理施設で処理しなければなりません。ところが、処理施設は全国に5カ所しかないため、処理の申請をしてから順番待ちとなります。

「ＰＣＢの処理は、売却するファンドの責任で行わなければなりません。今回は処理に約1年待たされてしまいました。この処理を待って、会社の廃業手続きに入ったのです」

ＰＣＢについて、後から聞いたというＫさんは述懐します。

「廃業手続きも含めて、ファンドにお任せして本当に良かったと思います。自分でやっていたら、途方に暮れたでしょう。もしかしたら廃業することもできず、子どもたちに迷惑をかけたかもしれません。いずれ誰かがやらなければならない廃業を、自分の代でできたことにほっとしています」

ファンドに株式を売ることで、十分な売却益を手にしたＫさんは、その後、この売却益を運用することで、悠々自適に暮らしているそうです。

主な参考資料・文献

「２０１４年版 中小企業白書」（中小企業庁）、２０１４年
「２０２０年版 中小企業白書」（中小企業庁）、２０２０年
「中小M&Aガイドライン　第三者への円滑な事業引継ぎに向けて」（中小企業庁）、２０２０年
「人口動態統計」（厚生労働省）
「統計からみた我が国の高齢者」（総務省）、２０２０年
「経営者の事情を理由とする廃業の実態と必要な支援策」、日本政策金融公庫論集、第48号、２０２０年8月
※その他、東京商工リサーチ、帝国データバンク、全日本指定自動車教習所協会連合会、等の各種調査レポートを参考にしました。

編　者

株式会社 青山財産ネットワークス

青山財産ネットワークスは、個人資産家と企業オーナーに対し、財産承継や事業承継、財産の運用・管理の「総合財産コンサルティングサービス」を提供している。相続対策、資本政策や不動産活用などの経験の豊富なプロフェッショナルコンサルタントと税理士・会計士・弁護士などの専門家が計画策定からその実行に至るまでの支援を展開。その知見・ノウハウをシステム化し、近年はテクノロジーも融合したコンサルティングが強みのひとつとなっている。1991年の創業から30年。財産コンサルティング分野における数少ない上場企業として、二代、三代先までを視野に入れた長期・全体最適のコンサルティング「100年財産コンサルティング」を行っている。

また、中堅・中小企業の後継者不在といった社会的問題の解決のため、従来の親族承継のコンサルティングに加え、M&Aや廃業支援、事業承継ファンドの活用といった、多様な選択肢をご提供できる体制を構築している。

著　者

島根 伸治（しまね しんじ）

取締役執行役員 コンサルティング第四事業本部長
公認会計士

監査法人等などを経て 2001 年に同社グループに入社。一貫してオーナー系企業の事業承継、相続、財務問題等を支援。近時は、経営状態の厳しい事業でも最適な出口を模索し、より多くの経営者の事業承継と雇用の継続の実現に力を注いでいる。パートナー企業と合弁の事業承継ファンドの責任者も務める。

中川 努（なかがわ つとむ）

コンサルティング第四事業本部 第二事業部副部長
中小企業診断士

大手銀行、金融系コンサルティング会社を経て現職。大手銀行では中小企業基盤整備機構へ出向、中小企業支援業務に携わる。現職では、事業再生業務、事業承継ファンド業務、M&A 業務に従事。

吉田 壮一（よしだ そういち）

コンサルティング第四事業本部 第二事業部シニアコンサルタント

石油開発会社、メガバンクを経て現職。石油開発会社では中東において原油開発、メガバンクでは米国・欧州・中東においてプロジェクトファイナンスを中心に融資業務に従事した国際派。現職では、再生ファンド業務や事業承継ファンドの運営、資金調達ストラクチャーの構築に携わっている。

著　者

西田 成志（にしだ なるゆき）

コンサルティング第四事業本部 第二事業部コンサルタント
証券アナリスト

大手証券会社を経て現職。事業承継ファンド業務に従事し、価格算定、投資実行、投資回収等の運営全般に携わる。ファンド投資で得た財務分析の知見を生かし、財務的課題を抱えた企業に対し、事業計画や再生計画策定支援を行っている。

岡本 教孝（おかもと のりたか）

コンサルティング第四事業本部 第二事業部コンサルタント
経営学修士（MBA）、国際テクニカルアナリスト連盟検定テクニカルアナリスト

大手証券会社を経て現職。大手証券会社では社長賞等の数々の賞を受賞。現職では事業承継ファンド業務、M&A業務に従事。

松嶋 多寿久（まつしま たすく）

コンサルティング第四事業本部 第二事業部アソシエイト

大学卒業後、株式会社青山財産ネットワークスへ入社。事業承継ファンド業務に従事しつつ、事業再生関連業務にも携わっている。

後継者不在、M&Aもうまくいかないときに
必ず出口が見つかる「縮小型事業承継と幸せな廃業」 NDC335

2021年10月29日　初版1刷発行　（定価はカバーに表示してあります）

©編　者　株式会社 青山財産ネットワークス
発行者　井水治博
発行所　日刊工業新聞社
〒103-8548　東京都中央区日本橋小網町 14-1
書籍編集部　電話 03-5644-7490
販売・管理部　電話 03-5644-7410　FAX 03-5644-7400
URL　https://pub.nikkan.co.jp/
e-mail　info@media.nikkan.co.jp
振替口座　00190-2-186076
DTPデザイン
カバーデザイン　雷鳥図工（熱田　肇）
印刷・製本　新日本印刷(株)

2021 Printed in Japan　落丁・乱丁本はお取り替えいたします。
ISBN 978-4-526-08166-8